| 16 | 3  | 2  | 13 |
|----|----|----|----|
| 5  | 10 | 11 | 8  |
| 9  | 6  | 7  | 12 |
| 4  | 15 | 14 | 1  |

# Tiago Rodrigues

# BY HEART
# E OUTRAS PEÇAS

*Posfácio*
*Leonardo Gandolfi*

editora 34

EDITORA 34

Editora 34 Ltda.
Rua Hungria, 592  Jardim Europa  CEP 01455-000
São Paulo - SP  Brasil  Tel/Fax (11) 3811-6777  www.editora34.com.br

Copyright © Editora 34 Ltda. (edição brasileira), 2021
*By Heart e outras peças* © Tiago Rodrigues, 2021

A FOTOCÓPIA DE QUALQUER FOLHA DESTE LIVRO É ILEGAL E CONFIGURA UMA
APROPRIAÇÃO INDEVIDA DOS DIREITOS INTELECTUAIS E PATRIMONIAIS DO AUTOR.

Edição conforme o Acordo Ortográfico da Língua Portuguesa.

Imagem da capa:
*Tiago Rodrigues na montagem de* By Heart
*na 7ª Mostra Internacional de Teatro de São Paulo — MITsp,
em março de 2020 (© Guto Muniz/Foco in Cena)*

Capa, projeto gráfico e editoração eletrônica:
*Bracher & Malta Produção Gráfica*

Revisão:
*Alberto Martins, Clara Kok, Leonardo Gandolfi*

1ª Edição - 2021

CIP - Brasil. Catalogação-na-Fonte
(Sindicato Nacional dos Editores de Livros, RJ, Brasil)

R664b  Rodrigues, Tiago, 1977
      By Heart e outras peças / Tiago Rodrigues;
      posfácio de Leonardo Gandolfi — São Paulo:
      Editora 34, 2021 (1ª Edição).
      224 p.

      ISBN 978-65-5525-069-5

      1. Teatro português contemporâneo.
      I. Gandolfi, Leonardo. II. Título.

                CDD - 869.2P

Obra apoiada pela
Direção-Geral do Livro, dos Arquivos e das Bibliotecas

## BY HEART
e outras peças

| | |
|---|---:|
| Natalie Wood | 9 |
| Três dedos abaixo do joelho | 21 |
| By Heart | 73 |
| Antonio e Cleópatra | 93 |
| Sopro | 137 |
| Posfácio, *Leonardo Gandolfi* | 199 |
| Sobre os textos | 217 |
| Sobre o autor | 219 |

# BY HEART
# E OUTRAS PEÇAS

# Natalie Wood

1.

O meu nome é Tiago Rodrigues, sou ator.
Esta é a Natalie Wood, ela é atriz.
Eu estou agora aqui nesta piscina vazia a falar convosco,
mas tudo o que eu estou a dizer foi escrito na semana passada,
durante os intervalos da rodagem dum filme, na Trafaria.
Uma terra pequena e bonita à beira dum rio
com vista para uma grande cidade na margem oposta desse mesmo rio,
é um bom sítio para se escrever e filmar.
A Natalie Wood também fazia filmes,
mas nunca fez nenhum na Trafaria.


2.

Eu sou mesmo o Tiago Rodrigues e sou mesmo ator.
A Natalie Wood está aqui na qualidade de personagem,
apesar de ter sido atriz e até ter sido nomeada três vezes para um óscar.
Mas dá-se o caso de esta não ser verdadeiramente a Natalie Wood.
Este é um manequim emprestado pelo Teatro Nacional
que está aqui a interpretar o papel de Natalie Wood,
porque a verdadeira Natalie Wood morreu em 1981
sem nunca ter recebido um óscar.


3.

Eu estou aqui e agora nesta piscina vazia convosco,
no dia 20 de junho de 2009, em Lisboa,
apesar de, no momento em que escrevo este texto,
estar naquilo a que vocês, as pessoas do presente,
chamam "a semana passada".
Estou no intervalo da rodagem dum filme,
numa falésia da Trafaria com vista para o rio Tejo.
A Natalie Wood está num lugar e num tempo ficcionais,

apesar de ser uma ficção inspirada pela realidade.
"Based upon a true story."
A Natalie Wood está no momento anterior à sua morte,
em 1981, quando caiu de um barco ao largo da Califórnia
e morreu afogada sem nunca ter recebido um óscar.
A nossa Natalie Wood está no momento do desequilíbrio.
O momento em que escorregou.
O momento antes da queda.
O momento em que a queda é já inevitável.
O momento exatamente anterior à sua morte.
Enquanto escrevo estas linhas, nesta falésia da Trafaria,
pergunto-me se também eu não poderei estar
no momento exatamente anterior à minha morte.
Na verdade, nunca sabemos ao certo se não estamos
no momento exatamente anterior à nossa morte.
Mas sei que, se estiver agora mesmo
a dizer-vos estas palavras numa piscina vazia,
isso quer dizer que este momento
em que escrevo estas linhas numa falésia da Trafaria
não é o momento exatamente anterior à minha morte.
E estou certo de que o Tiago Rodrigues do futuro,
o "eu" que estará para a semana convosco
numa piscina vazia a dizer estas palavras,
terá uma expressão de alívio, felicidade e esperança
estampada no rosto.


4.

A Natalie Wood está agora a escorregar,
prestes a cair no mar e a morrer.
Thomas Noguchi, o médico legista de Los Angeles
que realizou a autópsia no corpo da Natalie Wood em 1981,
declarou que ela teria bebido seis ou sete copos de vinho,
pelo que podemos considerar que há grandes probabilidades
de a Natalie Wood ter um copo de vinho na mão neste momento.

(*Serve um copo de vinho ao manequim.*)

O médico legista Thomas Noguchi
não informou se o vinho era branco ou tinto.
Neste caso estamos à vontade para tomar liberdades artísticas.
Optei por um vinho tinto do Douro,
chamado *Casa da Palmeira*, reserva de 2004,
embora a Natalie Wood tenha morrido em 1981
e este vinho tenha sido feito
vinte e três anos depois deste momento
em que ela está prestes a cair no mar,
com um copo de vinho na mão,
e cinco anos antes deste momento
em que estou na Trafaria a escrever estas linhas
ou na piscina vazia do Areeiro a dizê-las.


5.

A Natalie Wood está sozinha no convés do barco.
É um iate chamado *Splendour*.
O iate tinha este nome por causa do filme *Splendor In The Grass*
onde a Natalie Wood contracenava com o Warren Beaty.
A Natalie Wood foi nomeada três vezes para um óscar
e uma dessas vezes foi pelo *Splendor In The Grass*.
No interior do iate, estão os atores Robert Wagner e Christopher Walken.
Nenhum deles dá-se conta de que a Natalie Wood está a escorregar,
provavelmente porque também estão a beber
*Casa da Palmeira*, reserva 2004.
O Robert Wagner é casado com a Natalie Wood.
Já casaram duas vezes.
A primeira em 1957,
depois separaram-se
e voltaram a casar em 1972.
Pelo meio, a Natalie Wood teve um outro casamento.
O Christopher Walken está a rodar um filme

em que contracena com a Natalie Wood.
O filme chama-se *Brainstorm*.
É um filme de ficção científica.
Eles estão numa pausa da rodagem do filme.
Eu sou casado com a Magda.
Até agora, só casamos uma vez, em 2001.
Mas talvez pudéssemos pensar em casar outra vez.
A Magda está aqui nesta piscina vazia
e vou aproveitar para lhe dizer em voz alta
a pergunta que escrevi agora,
na semana passada, nesta falésia da Trafaria:
queres casar outra vez?
Podes pensar e dizes-me no final.
No filme que estou a fazer aqui na Trafaria,
contraceno com a Isabel, a Carla, a Catarina,
o João Pedro, o Miguel e o Cláudio.
Não é ficção científica, apesar de ser ficção
e uma das personagens ser um cientista.
Eu também estou numa pausa da rodagem,
à espera que mudem uma bateria na câmera.
Daqui a uma semana, no vosso presente,
estarei convosco numa piscina vazia
e também farei uma pausa precisamente aqui,
enquanto a Magda pensa no que me vai responder
assim que o espetáculo acabar.


6.

A Natalie Wood não sabia que ia escorregar,
por isso tem uma expressão de surpresa.
E também não sabe ainda que o resultado desta queda
será a sua morte por afogamento.
A única coisa que lhe interessa é o presente,
é o desejo irracional de se equilibrar.
Neste momento ela odeia a lei da gravidade,

essa atração irresistível pelo centro da Terra.
Ela odeia Newton e todas as suas descobertas científicas.
Ela não quer dar este passo
que ainda não sabe que é o seu último.
Enquanto isso, na Trafaria,
fico assustado quando a Isabel
passa demasiado perto da beira da falésia,
que tem uma altura incrível.
Seria morte certa se algum de nós caísse desta falésia,
onde estamos a rodar este filme.
Decido concentrar-me no texto sobre a queda da Natalie Wood
para me abstrair do risco de queda da Isabel na Trafaria.


7.

A Natalie Wood solta um pequeno grito
mesmo no momento em que escorrega.
Não é um pedido de ajuda.
É um gritinho agudo que nem sequer exprime medo,
mas antes surpresa,
como o gritinho de uma criança
que recebe de presente de Natal
exatamente aquilo que tinha pedido secretamente,
apenas nos seus pensamentos.
Poder-se-ia até dizer que é um gritinho de alegria,
se não soubéssemos já
que está prestes a dar o passo
que encerra definitivamente a história da sua vida.
No interior do iate, o Robert Wagner e o Christopher Walken
não ouvem o grito, porque estão a ouvir Bob Dylan.
O som da aparelhagem está bem alto.
Tão alto que até a Natalie Wood
tem dificuldade em ouvir o seu próprio grito,
abafado pelo som do mar e do Bob Dylan.
Seja como for, este grito não era para ser ouvido por ninguém.

Não era um pedido de ajuda.
Era só um grito.
A Natalie Wood não tem tempo para pedir ajuda.
Só tem tempo para dar-se conta
de que o seu corpo não lhe obedece
e de que neste momento está a cair.
Não sabe como isto aconteceu
e não faz ideia do que vai acontecer,
como naquela estátua muito conhecida,
aquela estátua da serpente que ataca as crianças.
O pai das crianças agarra a cabeça da serpente
que se enrola já à volta de um dos seus filhos.
Não sabemos como eles chegaram àquele ponto,
o que estariam a fazer antes de chegar a serpente,
como é que era possível estarem tão distraídos
para não verem chegar uma serpente daquele tamanho.
De que falariam, pai e filhos? Estariam a brincar?
E, sobretudo, não sabemos o que vai acontecer a seguir.
Não sabemos se é a serpente que vence ou o pai.
E dando-se o caso de vencer o pai,
não sabemos se ambos os filhos sairão incólumes.
Será que o pai-estátua terá que decidir
num determinado momento
qual dos filhos-estátua salvar?
Tudo pode acontecer.
Tudo pode ainda acontecer,
como com a Natalie Wood,
no momento exatamente anterior à sua morte.
Como com qualquer um de nós,
no momento exatamente anterior à nossa morte,
porque qualquer momento
pode ser o momento de escorregar,
de agarrar a serpente.
Agora, aí nessa piscina vazia onde está
o Tiago Rodrigues do futuro,
ele pensa que também esse pode ser

o momento exatamente anterior à sua morte
ou à morte de qualquer um dos espectadores
e por isso ele precisa dessa Natalie Wood
que está ao lado dele.
Porque é impossível pensar
que este momento
este
é esse momento.
Por isso, o Tiago do futuro
e eu, o Tiago do presente
que está agora na Trafaria a escrever,
precisamos da Natalie Wood
que está agora em 1981
no momento exatamente anterior à sua morte.
Para que ela possa viver todo o medo,
toda a ignorância de não saber o que vai acontecer
e nós, os Tiagos de todos os tempos verbais,
possamos tranquilamente saber
que a Natalie Wood escorregou para a morte.
Para que nós possamos saber como acaba
e possamos imaginar o que terá ela pensado
nesse momento.
Por isso, senhoras e senhores:
Natalie Wood.


8.

Boa noite. É um prazer estar aqui esta noite, participando neste espetáculo do Tiago Rodrigues. Há muito tempo que queria trabalhar com ele. O Tiago é um ator muito interessante e também escreve bastante bem. Aliás, foi ele quem escreveu este texto que estou agora a dizer. Ele escreveu este texto na Trafaria, no intervalo da rodagem dum filme. Neste texto, ele dá-me a oportunidade de dizer todas as coisas que pensei neste momento em que estou agora. O momento em que escorrego. O momento exatamente anterior à minha morte. O momento em que

bebo o meu sétimo copo de vinho. O momento em que ouço o som do mar, misturado com o som do Bob Dylan cantando "Just Like a Woman". O momento em que tudo pode acontecer. O momento em que tudo é possível. O melhor e o pior. O momento em que penso "não pode ser tão rápido". Não pode ser assim tão rápido. Não pode ser só um gritinho.
Eu agradeço ao Tiago esta oportunidade de dizer hoje todas essas coisas que pensei no momento exatamente anterior à minha morte. Estou muito grata, Tiago. Mas a verdade é que eu não sou a Natalie Wood. Eu sou apenas um manequim emprestado pelo Teatro Nacional para a apresentação desta noite. Eu não faço ideia do que pensou a Natalie Wood antes de morrer. Sei que o Tiago gostaria de me usar para dizer essas coisas. Gostaria que eu falasse de como estou arrependida de não ter aproveitado melhor a vida, demasiado absorvida por ambições vãs. De como eu recordo a minha mãe ou o sabor das cerejas. Mas seria mentira, porque um manequim não conhece o sabor das cerejas.
Tudo o que eu posso fazer pelo Tiago é contar-vos aquilo em que estou a pensar neste momento. E o que eu estou a pensar é que gostaria de ser a Natalie Wood. Nem que fosse para vos agradar. Para que ninguém ficasse desiludido. Para mim seria uma alegria. Faria este espetáculo e, no final, em vez de ser colocada num grande saco de plástico para ser levada de volta ao Teatro Nacional na segunda-feira de manhã, eu sairia com outros atores e iria beber uma cerveja numa esplanada. A Magda iria pedir-me conselhos sobre que resposta dar ao segundo pedido de casamento do Tiago. Haveria gente que se levantaria das outras mesas da esplanada para vir dar-me os parabéns pela minha interpretação. Parecia mesmo a Natalie Wood. E eu seria uma verdadeira atriz, mesmo como a Natalie Wood. E conseguiria sorrir. Sorriria como vou sorrir agora. Assim.

(*Pausa.*)

Seria uma alegria tão grande. E quando alguém me perguntasse o nome, eu diria que me chamo Natália. E toda a gente diria: "que coincidência!", sem saber que Natália era o verdadeiro nome da Natalie Wood. Assim mesmo, Natália. Natalie era o nome artístico. E na es-

planada, precisamente nesta noite, eu ia apaixonar-me por alguém. E esse alguém esperaria por mim. Esperaria até que mais ninguém quisesse falar comigo, por volta das duas da manhã. Sentar-se-ia ao meu lado e falaria horas comigo. Falaria da sua mãe, do seu trabalho e de como a sua canção preferida é "Just Like a Woman", não na versão do Bob Dylan que usamos no início do espetáculo, mas na versão da Nina Simone. E eu diria: "que coincidência!". E falaríamos nessa mesa da esplanada, até esse alguém me convidar a ir para a sua casa. E faríamos amor. E de manhã eu acordaria e tomaria o meu primeiro café da manhã. Cerejas.
Durante o dia, eu pediria emprestadas ao Tiago a tinta e as chapas que usou para escrever Natalie Wood no chão desta piscina. Passaria todo o dia a escrever esse nome em várias paredes da cidade. Porque teria medo que ninguém acreditasse que eu existi, nem que tenha sido apenas por um dia. Seriam as duas provas da minha existência: *Natalie Wood* escrito nas paredes da cidade e os caroços de cereja guardados na minha mão.
Ao entardecer, iria passear num barco. Num cacilheiro no rio Tejo. Um cacilheiro chamado *Esplendor*. Embarcaria em Belém, com direção à Trafaria. Do barco, olharia para a margem e veria a falésia onde, na semana passada, o Tiago escreveu este texto que estou a dizer agora. E passearia no convés do barco. E ouviria o som do mar. E cantaria a canção do Bob Dylan que a Natalie Wood estava a ouvir no momento exatamente anterior à sua morte. Então, eu iria tropeçar e tudo poderia acontecer.

# Três dedos abaixo do joelho

Colagem de Tiago Rodrigues a partir de relatórios de censores de teatro do Secretariado Nacional de Informação, Cultura Popular e Turismo, escritos entre 1933 e 1974, incluindo também breves fragmentos de obras censuradas da autoria de Strindberg, Tennessee Williams, Henrik Ibsen, António Lopes Ribeiro, Molière, William Shakespeare, Aristófanes, Bernardo Santareno, Harold Pinter, Alfred Jarry, Edward Albee, Oscar Wilde, Racine, Tchekhov, entre outros, e uma frase de um discurso de António de Oliveira Salazar.

A expressão "ensaio de apuro", ou "ensaio geral de apuro", era usada em Portugal no tempo da ditadura. Escrevia-se "ensaio de apuro" na tabela para que os atores e as atrizes soubessem que os fiscais da censura estariam presentes.

# PRIMEIRO ATO

*(Entrada do público.)*

*(Abre-se a cortina.)*

*(Entra Antonio, com vários cidadãos, trazendo o cadáver de César.)*

*(Lady Windermere está à mesa, arranjando rosas numa jarra azul.)*

*(Entra Xantias, montado num burro.)*

*(Ouvimos o riso de mulheres enquanto as luzes sobem no palco.)*

*(Berenice entra.)*

*(O rei aparece à entrada do palácio.)*

*(O Mensageiro entra.)*

*(A Senhorita Júlia entra e é desagradavelmente surpreendida.)*

*(Ele entra, com a camisa rasgada.)*

*(A Senhorita Júlia sorri.)*

*(Choram.)*

*(Sorriem.)*

*(Abraçam-se, beijam-se.)*

*(Despem-se.)*

*(Uma porta bate.)*

(*Silêncio.*)

(*Não se mexem.*)

(*Agitação na sala.*)

GONÇALO
Esta peça não foi aprovada.

ISABEL
Esta peça é politicamente tendenciosa.

GONÇALO
Esta peça é imoral.

ISABEL
Esta peça não vai ter sucesso.

GONÇALO
Esta peça não tem qualquer sentido de civilidade.

ISABEL
Esta peça destina-se a um público muito reduzido.

GONÇALO
Esta peça não é aconselhável para famílias.

ISABEL
Esta peça apresenta-se como uma comédia, mas provoca mais náusea do que riso.

GONÇALO
É literariamente pobre e foi escrita apenas com o intuito de fazer política.

ISABEL
É uma glorificação do adultério.

GONÇALO
Esta peça ataca as instituições da sociedade, invocando imaginárias repressões e perseguições políticas.

ISABEL
É obscena. É pacifista. É subversiva.

GONÇALO
É muito longa e se beneficiaria de alguns cortes.

ISABEL
Esta peça tem passagens demasiado sensuais.

GONÇALO
Vai aborrecer as pessoas.

ISABEL
Trata-se de uma peça de grande qualidade, mas tememos que o público do nosso país não esteja preparado para a compreender.

GONÇALO
É uma peça reprovável.

ISABEL
É muito fraca.

GONÇALO
É uma obra-prima da literatura mundial, mas somos da opinião de que não é com boas intenções que será levada à cena.

ISABEL
Esta peça ridiculariza a Igreja.

GONÇALO
É sarcástica.

ISABEL
Usa linguagem popular com demasiada recorrência.

GONÇALO
Trata apenas dos instintos mais básicos do ser humano.

(*Sai, chorando.*)

ISABEL
Sem dúvida, a encenação e a representação desempenharão nesta peça um papel extremamente importante e podem dar-lhe sentidos diferentes.

(*Entra pela esquerda, vergado pela dor.*)

GONÇALO
Os atores são excepcionais, mas nem sempre.

ISABEL
Um dos atores prima pelo exagero nalgumas das cenas mais sensíveis.

GONÇALO
A atriz abusa das poses provocadoras.

ISABEL
É uma peça sobre as fraquezas humanas, mas, infelizmente, não tem um final feliz.

GONÇALO
A encenação desvirtua completamente o sentido do texto original.

ISABEL

A cenografia não obedece a outra lógica senão à da sátira mais descarada.

GONÇALO

Falta elegância à encenação.

ISABEL

Faz referências demasiado diretas a acontecimentos políticos atuais.

GONÇALO

Os trajes do corpo de baile são inadmissíveis.

ISABEL

O incontestável valor dramático desta peça não pode sobrepor-se à baixeza da ação.

GONÇALO

Logo desde o início, é difícil perceber do que trata. No desenrolar da apresentação, sentimo-nos vexados frequentemente.

ISABEL

O desfecho não oferece qualquer esperança.

GONÇALO

Seria um erro aprovar a apresentação desta peça em Portugal.

ISABEL

Meu nobre senhor...

GONÇALO

Reprovo esta peça por considerá-la imprópria.

ISABEL

Meu nobre senhor...

GONÇALO
Devem ser respeitados os seguintes cortes.

ISABEL
Excelentíssimo Senhor Inspetor...

GONÇALO
Ias dizer, Iago?

ISABEL
Quando fazíeis a corte a Desdêmona, tinha Miguel Cássio conhecimento do vosso amor?

GONÇALO
Sim. Desde o primeiro dia. Por que fazes essa pergunta?

ISABEL
Apenas para esclarecer o meu pensamento. Não é nada de mal.

GONÇALO
Mas que pensamento é o teu, Iago?

ISABEL
É que não cuidei que ele tivesse conhecido Desdêmona nessa altura.

GONÇALO
Conhecia-a e muitas vezes nos serviu de intermediário.

ISABEL
Na verdade?

GONÇALO
Na verdade? Na verdade, pois. Vês nisso algum mal? Não será ele homem honesto?

ISABEL
Honesto, meu senhor?

GONÇALO
Honesto, pois. Honesto.

ISABEL
Por aquilo que conheço, meu senhor...

GONÇALO
Em que estás a pensar?

ISABEL
A pensar, meu senhor?

GONÇALO
"A pensar, meu senhor?". Por Deus! Ele está a ser o eco das minhas palavras. Como se existisse no seu pensamento um monstro demasiado horrível para ser mostrado.

ISABEL
Um monstro demasiado horrível para ser mostrado.

GONÇALO
Um monstro demasiado horrível para ser mostrado. Parece que queres dizer alguma coisa. Se tens estima por mim, revela-me o teu pensamento.

ISABEL
Perdoai-me, meu bom senhor. Ainda que vos esteja sujeito em todos os atos de obediência, não o poderei naquilo em que os próprios escravos têm a sua liberdade. Revelar os meus pensamentos? Suponde que eles são vis e falsos. Onde haverá palácio em que não entrem, por vezes, coisas repugnantes? Acontece muitas vezes e também neste caso que a encenação de uma determinada peça pretende ter uma aparência que agrade às conveniências, não dizendo nem mostrando nada que

possa ser crítico ou ofensivo, mas tentando secretamente lançar a dúvida no público. Agem como se não fosse essa a sua intenção e dificilmente se pode provar que tenham realmente essa intenção, mas ainda assim têm-na.

GONÇALO
Quais são as verdadeiras intenções da autora? Que ilações pretende que o público retire da peça?

ISABEL
Sou da opinião que quaisquer cortes propostos seriam, na encenação, compensados por ações silenciosas que teriam um efeito ainda mais pernicioso do que a autorização das passagens que considero reprováveis.

GONÇALO
Um monstro demasiado horrível para ser mostrado.

ISABEL
O que é sugerido é mais perigoso do que aquilo que vemos.

(*Otelo estrangula Desdêmona.*)

(*Otelo fere Iago.*)

(*Otelo fere-se e morre.*)

GONÇALO
Deixamos aos colegas censores que assistirão ao ensaio da peça a missão de corrigir tudo o que a encenação tentará implicitamente sugerir...

ISABEL
Tendo a certeza de que serão usados efeitos como jogos de luzes para dar a entender o que não pode nem devia ser dito.

GONÇALO

Levar o público a imaginar o que poderia ser mostrado é tão prejudicial como mostrá-lo.

ISABEL

Tem as mesmas consequências: lança a desordem e a dúvida entre os portugueses. As cenas da morte de Desdêmona e Otelo serão tratadas com toda a dignidade e de modo a (por simples sugestão) não ferirem a suscetibilidade do público.

GONÇALO

Os cortes que indicamos devem ser realizados de modo a não se sentirem na exibição.

ISABEL

O trabalho de correção deve ser invisível. A bem da qualidade da representação e da moralidade da ação.

GONÇALO

A bem da Nação.

ISABEL

As cenas devem ser reescritas.

GONÇALO

O texto deve ser melhorado.

ISABEL

Para melhorar o texto, é necessário suprimir.

GONÇALO

Não deve ser perceptível ao público qualquer corte.

ISABEL

Respeitando os cortes que assinalo, é de grande importância que o texto não pareça ter sido cortado.

GONÇALO
O texto, embora cortado, deve parecer ter sido escrito assim desde a sua versão original.

ISABEL
Saberemos por que querem levar este texto à cena?

GONÇALO
Sei apenas que merece a reprovação.

ISABEL
E sabes, João, por que te quero tanto?

GONÇALO
Só sei que o não mereço, senhora.

ISABEL
Sabes, sim. A natureza das mulheres é de tal sorte que só elas sabem quem as merece ou não. Podem amar ao feio mais que ao formoso, ao fraco mais que ao forte. Um homem comum pode ter nelas maior poder do que um rei. Tu és diferente de todos, pela tua bravura, pelo mel que pões nas tuas palavras e nos teus beijos...

GONÇALO
Nos teus beijos?

ISABEL
Nos teus gestos. Pelo mel que pões nas tuas palavras e nos teus gestos.

GONÇALO
Mel?

ISABEL
Pela ternura? Pela ternura que pões nas tuas palavras e nos teus gestos, pelo modo que tens de olhar, dando e recebendo, desvendando a mulher que sempre está nua debaixo dos vestidos, ainda que sejam de rainha.

GONÇALO
Que sempre está nua?

ISABEL
Oculta. A mulher que se oculta. Desvendando a mulher que se oculta debaixo dos vestidos, ainda que sejam de rainha. E que se sente nua e débil. Não.

GONÇALO
Pela ternura que pões nas tuas palavras e nos teus gestos.

ISABEL
Tu és diferente de todos, pela bravura, pela ternura que pões nas tuas palavras e nos teus gestos, pelo modo que tens de olhar, dando e recebendo. Diante dos outros mostras-te sempre humilde comigo, nunca dás sinal de quanto podes em mim. Mas quando dispo o manto e a camisa e me sujeito ao império dos teus braços, diz lá se haverá escrava no mundo mais submissa do que eu?

GONÇALO
Dispo o manto e a camisa?

ISABEL
Nunca dás sinal de quanto podes em mim. Mas diz lá se haverá escrava no mundo mais submissa do que eu?

(*Beijam-se.*)

ISABEL
Beijam-se? E sabes, João, por que te quero tanto?

GONÇALO
Só sei que o não mereço, senhora.

ISABEL
Sabes, sim. A natureza das mulheres é de tal sorte que só elas sabem

quem as merece ou não. Podem amar ao feio mais que ao formoso, ao fraco mais que ao forte. Um homem comum pode ter nelas maior poder do que um rei. Tu és diferente de todos, pela tua bravura...

GONÇALO
Pela ternura...

ISABEL
Pela ternura que pões nas tuas palavras e nos teus gestos, pelo modo que tens de olhar, dando e recebendo.

GONÇALO
Diante...

ISABEL
Diante dos outros mostras-te sempre humilde comigo, nunca dás sinal de quanto podes em mim.

GONÇALO
Escrava.

ISABEL
Diz lá se haverá escrava no mundo mais submissa do que eu? Beijam-se?

(*Beijam-se.*)

GONÇALO
A cena dos beijos não deverá ultrapassar o tempo indicado no ensaio de censura. O decote deve ser menos acentuado. É chocante. O figurino da atriz é demasiado justo. Não acho conveniente. Embora se trate de uma comédia, não é conveniente para esta peça de Molière que as roupas das atrizes sejam tão sugestivas, ao ponto de se considerarem brejeiras ou escandalosas. A atriz não deve gritar a palavra "covarde". A saia da atriz não deve ser tão curta. A bainha deve estar, pelo menos, três dedos abaixo do joelho. A cena 10 deverá terminar no momento

em que Branca se deixa cair de joelhos. Na mesma cena, Branca não partirá a garrafa. Julgo que o figurino de Ofélia é demasiado moderno e sensual, expondo a atriz de forma desnecessária. Uma atriz tão jovem com comportamentos tão adultos. Embora invisível, porque é apenas sugerida e supostamente escondida pelo cenário, sou da opinião que a cena de nudez deveria ser cortada. As pernas. As coxas. Os braços que sugerem a nudez da atriz. A cintura. Uma Antígona demasiado insinuante. A palavra "seios" tinha sido cortada pela Comissão. Avise-se a atriz de que não deve dizê-la, ainda que de forma quase impossível de ouvir. Nádegas. Célimène deve conter-se no dizer do texto quando se refere aos homens de maneira crítica. Deve usar de maior elegância. Mais sobriedade. O ensaio a que assisti evidencia de forma desnecessária as pulsões carnais já tão obviamente referidas na peça, apesar dos cortes realizados. O busto. O decote. A ostentação da beleza. A sensualidade evidenciada. Os gritos. A histeria. A atmosfera quente. A desnecessária sensualidade. A sensualidade exacerbada. A sensualidade levada ao extremo. Escandalosamente sensual. A túnica não deve ser rasgada, a menos que haja outro tecido por baixo, evitando qualquer acidente que expusesse demasiado o corpo da atriz. Não vejo razão para os sons íntimos que são imitados durante a cena. Serviriam apenas para escandalizar e incomodar o público, mesmo numa peça para maiores de 17 anos. Embora a peça tenha como pano de fundo um adultério, custa-nos que a atriz principal, pese embora o seu talento e popularidade, se mostre tão alegre quando se refere à traição que inflige ao seu marido. O modo como diz "a tua boca". A gargalhada depois de dizer que terá "um ataque de má consciência". A atriz disse uma frase que tinha sido cortada e que passo a citar: "a única forma de se poder viver com um homem assim é ir para a cama com ele". A atriz não deve esbofetear o ator. O figurino não é conveniente. A roupa que usa. A saia demasiado curta. A saia demasiado moderna. A saia é desconfortável. Tenho a certeza que Ifigênia não se vestia deste modo. Também não vemos razão para o ator passar praticamente todo o segundo ato de tronco nu.

ISABEL

Se me odeias, por que é que me beijaste de volta? Por que é que os teus lábios estavam a arder?

GONÇALO

Sai daqui, antes que te mate.

ISABEL

Não me interessa o que fazes, desde que me ames outra vez.

GONÇALO

Nunca tinha visto nada assim, senão entre animais e prostitutas. Odeio olhar para ti.

ISABEL

Tens razão. Bate-me. Pisa-me. Não mereço melhor. Sou uma criatura miserável. Mas ajuda-me.

GONÇALO

Os cortes sugeridos talvez ajudem.

ISABEL

Não importa como, desde que me ajudes a sair daqui.

GONÇALO

Só poderei votar favoravelmente se o texto for limado de maneira a amaciar a ação da peça.

ISABEL

Bate-me outra vez.

GONÇALO

Proponho a alteração do título da peça.

ISABEL

Desejo sob os olmos. Bate-me outra vez.

GONÇALO
Autor?

ISABEL
Eugene O'Neill. Bate-me outra vez.

GONÇALO
Gênero?

ISABEL
Drama. Bate-me.

GONÇALO
Ação?

ISABEL
Efrain Cabot, lavrador septuagenário e pai de três filhos, resolve casar-se pela terceira vez, com uma mulher ambiciosa, Abbie, que vê como única solução para herdar a fazenda ter um filho do seu idoso marido. O filho nasce, mas o pai é o enteado, Eben. O caso é do conhecimento público e Eben manifesta a vontade de emigrar, abandonando a herdade e a amante, que acusa de interesseira. Abbie, que no entanto se apaixonara verdadeiramente pelo enteado, mata o filho de ambos. Procurava assim provar que a sua preferência ia para o amante.

GONÇALO
Valor literário?

ISABEL
Bom.

GONÇALO
Valor dramático?

ISABEL
Bom.

GONÇALO
Valor moral?

ISABEL
Muito perigoso.

GONÇALO
Repercussão sobre o público?

ISABEL
Julga-se que provocará algum escândalo, visto tratar-se de um incesto seguido de um infanticídio, num ambiente primitivo, sinistro e apaixonado.

GONÇALO
Decisão que se propõe?

ISABEL
Entendo dever proibir a exibição da presente peça, embora se trate de obra de grande valor de um grande autor.

(*O coro coloca-se à direita do palco. O corifeu destaca-se.*)

GONÇALO
Excelentíssimo Senhor Inspector Geral. Não compreendemos a razão pela qual é proibida a exibição desta obra-prima de Eugene O'Neill, se o filme baseado na mesma peça estreou recentemente entre nós.

ISABEL
Excelentíssimo Senhor Inspector Geral. Fui eu quem censurou o filme que foi exibido entre nós. Não adoto a mesma decisão para com a peça porque as versões são diferentes, sendo a versão da peça muito mais imoral.

GONÇALO
As versões são muito similares, até porque o filme é praticamente igual

ao texto original e a versão agora submetida à Excelentíssima Comissão é uma tradução de qualidade do original de Eugene O'Neill.

ISABEL

O cinema é quase sempre dispersivo para a atenção, diferindo do teatro no fato de dar mais importância aos cenários e acaba por diluir o perigo da história.

GONÇALO

O filme que foi exibido em Portugal, a partir desta mesma peça, era protagonizado por Sophia Loren, numa interpretação que muitos apelidaram de sensual e apaixonada.

ISABEL

O que é sensual, provocador e chocante no cinema é-o muito mais no teatro.

GONÇALO

O filme estava repleto de cenas que representavam a atração física entre homem e mulher, sobretudo aquelas entre Sophia Loren e Anthony Perkins. De forma até mais intensa do que pretendíamos mostrar na exibição da peça. No entanto, o filme não foi proibido.

ISABEL

O cinema é apenas película que está a ser projetada numa sala. É a reprodução de algo que foi feito longe do público e que não faz parte da nossa sociedade. O teatro é diferente. O teatro está mesmo acontecer. É algo de verdadeiro que está a acontecer perante os nossos olhos.

GONÇALO

Com todo o respeito, requeremos à Excelentíssima Comissão um novo exame do texto.

ISABEL

Não vejo razão para permitir a exibição da peça, que, como já tive a oportunidade de afirmar, considero mais perigosa do que o filme.

GONÇALO

Não compreendemos a dualidade de critérios em relação a esta peça que desejamos mostrar no Capitólio, a um público certamente menor em quantidade do que aquele que durante várias semanas pôde assistir ao filme em várias salas de cinema em todo o país.

ISABEL

O teatro é mais perigoso, mais comunicativo e contagiante.

GONÇALO

O teatro deve educar e entreter. Esta peça de Pirandello não educa nem entretém. Só chateia.

(*Ouvem-se risos e sons da festa vindos da sala ao lado.*)

ISABEL

Que mal existe num teatro de onde se sai alegre? *Quem tem medo de Virginia Woolf?* é uma peça triste e decadente. Teria que ser muito adaptada.

GONÇALO

O teatro é um lugar para todos. Por conseguinte, deve ser compreensível para todos. Esta peça proposta pelo Círculo de Cultura Teatral do Porto não é compreensível. Pelo menos, na minha opinião. Não entendo os objetivos.

ISABEL

Nem me parece que tenham o texto e a encenação qualquer vontade de ser compreendidos. O ensaio a que assisti prolongou-se noite dentro.

GONÇALO

Esta peça de Samuel Beckett é vazia de qualquer sentido e literariamente muito fraca. Não se entrevê qualquer significado que não seja o de apontar o absurdo da vida. Embora ache uma péssima obra, não encontro qualquer razão para reprovar a peça.

ISABEL

Esta peça é niilista. Não é feita a pensar no público. Esta peça é desesperada. Desesperançada. Desesperante. Provoca o desespero. Só fala do desespero.

GONÇALO

Mais um exemplo duma espécie de teatro que parece ter como único propósito entristecer as pessoas.

ISABEL

Que mal existe num teatro de onde se sai alegre?

(*Entram as coristas.*)

ISABEL

Qual é a virtude do teatro que apenas mostra os males do mundo e dos homens, se depois não apresenta soluções? Que interesse tem o Teatro Estúdio de Lisboa em levar à cena esta peça que apenas trata do destino trágico das pessoas, da miséria, do obscuro? Não prestaria melhor serviço ao público com uma comédia de boa qualidade? Uma comédia *d'esprit*, ao bom estilo francês, em que triunfam os bons sentimentos? O amor infeliz não existe senão nos romances. É só uma questão de não nos deixarmos ir, de não estar todos os dias à espera, à espera de qualquer coisa. Quando o amor se instala no coração, é preciso escorraçá-lo. Prometeram transferir o meu marido para outro departamento. Mudaremos de casa e esquecerei tudo. Arrancá-lo-ei do meu coração pelas raízes.

(*Do fundo da terceira sala, chega o som de uma valsa melancólica.*)

ISABEL

É o Costia que toca. É que é infeliz.

(*Macha dá dois ou três passos de valsa, silenciosamente.*)

ISABEL
O essencial, mamãe, é não o ter diante dos olhos. Oxalá transfiram o meu Siemion, e hei-de esquecê-lo, acredita, num mês. Nada disto tem importância.

GONÇALO
Há palavras que são importantes. O corte na página 40 do manuscrito de *O jardim das cerejeiras*, a partir da fala de Ania. Substituição da palavra "escravo" pela palavra "servo".

ISABEL
O corte da palavra "esfomeado" na fala do vagabundo em: "Mademoiselle, poderá um cidadão russo incomodá-la com o pedido de alguns cobres?".

GONÇALO
O léxico utilizado é de extrema importância na decisão que tomo. Na página 129. Doutor Stockman.

ISABEL
Não suporto os homens…

GONÇALO e ISABEL
Dirigentes.

ISABEL
Torna-se impossível para um homem…

GONÇALO e ISABEL
Livre…

ISABEL
Dar um passo sem esbarrar com um deles.

GONÇALO
Na página 132. Rovstad.

ISABEL
O direito está sempre com...

GONÇALO e ISABEL
A maioria.

GONÇALO
Doutor Stockman.

ISABEL
O direito nunca está com...

GONÇALO e ISABEL
A maioria.

ISABEL
Um homem...

GONÇALO e ISABEL
Livre...

ISABEL
E capaz de pensar deve naturalmente...

GONÇALO e ISABEL
Insurgir-se.

ISABEL
Se se considera o globo terrestre em conjunto, os imbecis formam nele uma...

GONÇALO e ISABEL
Maioria...

ISABEL
Esmagadora. A...

GONÇALO e ISABEL
Maioria...

ISABEL
Tem o poder, infelizmente. Mas não o direito. O direito está sempre com as minorias.

GONÇALO
Há palavras que são importantes.

ISABEL
Realizamos cortes de algumas palavras nas páginas assinaladas.

GONÇALO
As palavras cortadas são, na sua...

ISABEL e GONÇALO
Maioria...

GONÇALO
... inconvenientes.

ISABEL
Respeitem-se os cortes assinalados.

GONÇALO
As palavras a cortar foram sublinhadas no manuscrito.

## CANÇÃO DAS PALAVRAS CORTADAS

não há nada melhor que um corpo jovem
dono desta chafarica
o gosto do poder nunca se perde

andares metida com quem queres
uma senhora tão jeitosa
mesmo um sacristão destes te serve
prisões, terror, armas, greves

eu fui posto no olho da rua como um cão!
eu e a minha mulher, subnutrição
demonstrar-me que sou apenas um puro instrumento
coitado do patrão

chifrudo, bordel, himeneu, nação
coito, excitante, mija, comunhão
ainda há homens oprimidos

desmascarar aquela santidade
guerra, batalhas, puta, liberdade
cardeais da Inquisição

fechado e absurdo lugar aquele onde a vida estagnou
felizmente os técnicos do nosso país sabem tudo

futuro herói militar
organização secreta
fideputa ruim
arrastando a grilheta

(*Costia para de tocar.*)

(*Macha sorri.*)

FIM DO PRIMEIRO ATO

# SEGUNDO ATO

ISABEL

Existem, na dramática situação da família de Tomás, razões que nos levam a considerar os valores incontestáveis da justiça, da caridade e do respeito pela pessoa humana, a que todos os homens têm direito. No entanto, não se pode aceitar que seja com a revolta, com o ódio e com o desespero, que se procure criar ambiente para se analisarem erros e se corrigirem leis para impedir que surjam situações análogas à de Tomás. Deverá aceitar-se o protesto justo em formas teatrais, mas não revoltas desorientadas. Voto pela reprovação.

GONÇALO

O empresário Eugênio Salvador pagou o imposto de selo necessário à submissão desta peça ao Serviço de Censura de Peças Teatrais. É uma peça russa.

ISABEL

A peça tem problemas delicados — o herói é "misógino", a madrasta apaixona-se por ele (amor incestuoso) e acaba por se suicidar. Considerando, porém, que se trata de uma composição clássica, muito conhecida e de grande valor literário; considerando que só pessoas de elevada cultura poderão perceber os seus conceitos e linguagem; considerando ainda que, segundo li nos jornais, se destina a ser apresentada numa curta série de espetáculos, por uma companhia grega, e será representada em francês, aprovo a peça *Hipólito* para maiores de 17 anos, sem cortes.

GONÇALO

Uma bela peça, bem arquitetada, bem escrita e de boa moral. Porém, como todo o teatro de Strindberg, perturbadora e amarga. Um pai ladrão, uma mulher e um filho que sofrem por reconhecer que ele rouba aos necessitados.

ISABEL
É uma peça complicada para o vasto e pouco compreensivo público.

GONÇALO
Gostaria de saber a opinião de outros colegas censores, nomeadamente o Padre Teodoro.

ISABEL
Não tenho dúvidas de que Bertolt Brecht será, no futuro, considerado um dos nomes maiores da dramaturgia do nosso século. Não se trata apenas da sua obra, mas também da tremenda contribuição que tem feito para a evolução estética do teatro, desenvolvendo novas teorias sobre a encenação e a representação. É um novo teatro que vemos cada vez mais influenciar outros talentos da arte dramática e deixará um marco na história das artes. A peça examinada é boa prova do gênio de Brecht e, se a sua tendência subversiva é notória, poderia ser atenuada com alguns cortes, restando apenas um discurso moral sobre a sociedade que, no essencial, é inofensivo. No entanto, o público português não está preparado para uma obra tão complexa ou um autor tão controverso. Reprovo.

GONÇALO
Há belas obras escritas por alemães, mas esta não é uma delas.

ISABEL
Há poucos bons dramaturgos portugueses e, pior que isso, dessa meia dúzia que tem qualidade, são quase todos tão empenhados na política como na literatura.

GONÇALO
Embora esta peça de Albee seja irrepreensível no seu aspecto literário, temo que a maioria do público não seja capaz de compreender o enredo.

ISABEL

Que sentido faria autorizá-la se apenas uma pequena minoria dela poderia desfrutar?

GONÇALO

A linguagem desta peça por certo escandalizaria o nosso povo.

ISABEL

Seria lamentável que esta peça, obra clássica da dramaturgia francesa e já patrimônio da cultura universal, viesse a ser vaiada pelo nosso público, que não está preparado intelectualmente para a receber e compreender.

GONÇALO

Talvez seja criticável que esta peça de um autor de tal importância como Jarry não venha a fecundar a capacidade criadora das novas gerações. Mas, embora com o maior prejuízo para a cultura portuguesa, esta peça tão representativa de um novo teatro não poderá ser representada, uma vez que também eu voto pela sua reprovação.

ISABEL

O nosso público não tem bagagem intelectual para compreender os simbolismos. O público não saberia como reagir. O público é católico. É preciso não melindrar os sentimentos religiosos do público. Semeia a dúvida e a incerteza no público. Ofensivo para o público. Os atores excitam o público. O público não terá benefícios em ver esta peça. Quantos, entre o público, perceberiam esta obra? Muito poucos. A generalidade do público é composta por portugueses de bem, empenhados no esforço de guerra levado a cabo nas províncias ultramarinas, que levariam a mal a mensagem pacifista desta peça. Não tem qualidade e o público não gostará da peça, a menos que uma certa crítica venha aplaudir, tendenciosamente, o que não merece ser aplaudido. Duvido que haja público para esta peça. É tão complicada, que nem sequer a considero perigosa para o público. Foca uma situação desesperada de injustiça social que é apresentada como aspecto natural da sociedade capitalista e para cuja solução se deixa transparecer apenas a via revolucionária. Pode, por isso, ter repercussões muito inconvenientes sobre o público. O público é facilmente influenciável. O público será capaz de ver que, nesta peça situada num momento histórico, se fazem críticas à sociedade atual. Por mim, aprovaria com cortes, mas receio que o público não tolere a peça. Julgo prestar um serviço aos atores e ao encenador Paulo Renato ao reprovar esta peça, porque estou seguro de que o público reagiria negativamente à sua exibição. A peça *O render dos heróis*, de José Cardoso Pires, foi aprovada para exibição, mas deve ser proibida a publicação de anúncios à peça na imprensa, para que não tenha grande afluência de público. É imperativo salvaguardar o público dos excessos. Quando vai ao teatro, o público quer tão só distrair-se e está sujeito a ser doutrinado politicamente.

GONÇALO
Mas nós podemos salvá-lo.

ISABEL
Salvá-lo dum destino trágico.

GONÇALO
É verdade.

ISABEL
Inegável.

GONÇALO
Numa primeira leitura, é uma peça absurda e até frágil na sua construção literária.

ISABEL
Mas não podemos deixar de chamar a atenção para a forma como o autor, Harold Pinter, acaba por arquitetar um hino à resistência individual em que o pianista é o herói.

GONÇALO
Mas nós podemos salvá-lo. A partir daqui, seremos o leme do seu barco.

ISABEL
Tratamos dos seus papéis.

GONÇALO
Fazemo-lo poupar dinheiro.

ISABEL
Olhamos por si.

GONÇALO
Damos-lhe conselhos.

ISABEL
Terá do bom e do melhor.

GONÇALO
Pode comer no clube quando quiser.

ISABEL
Mesa reservada.

GONÇALO
Fazemos-lhe bolos.

ISABEL
Damos-lhe um cartão de livre trânsito.

GONÇALO
Levamo-lo a passear.

ISABEL
Pomo-lo a saltar à corda.

GONÇALO
Damos-lhe as calças, damos-lhe o casaco.

ISABEL
Algodão para os ouvidos.

GONÇALO
Pó de talco.

ISABEL
Uma mãozinha para coçar as costas.

GONÇALO
Um pneu sobressalente.

ISABEL
E tudo por conta da casa.

GONÇALO
Ora aí está.

ISABEL
Vamos fazer de si um homem.

GONÇALO
E uma mulher.

ISABEL
Há de ser o nosso orgulho.

GONÇALO
Dar as suas ordens.

ISABEL
Tomar decisões.

GONÇALO
Então? O que é que diz a isto?

(*A cena passa-se no palácio do embaixador florentino.*)

(*Entra, envergando o uniforme de gala.*)

(*Vai à boca de cena e olha o público de frente.*)

(*Despindo o manto e dirigindo-se ao povo.*)

ISABEL
O Teatro Nacional D. Maria II e os seus atores merecem-me todo o respeito.

GONÇALO
Todo o respeito.

ISABEL
O estilo de representação e as encenações de Robles Monteiro elevaram a categoria do teatro português.

GONÇALO
Elogiais-me, senhora.

ISABEL
As récitas do Teatro Nacional são as melhores de Portugal.

GONÇALO
A dicção da Dona Palmira Bastos é impecável.

ISABEL
Pese embora a qualidade do elenco, a escolha desta peça suscita-me dúvidas.

GONÇALO
Em que pensais, senhora?

ISABEL
Incomoda-me que num palco tão solene se apresentem obras de fraca índole.

GONÇALO
Um monstro demasiado horrível para ser mostrado.

ISABEL
Não é por ser arte que o teatro deixa de ter que se preocupar com as noções que defende.

GONÇALO
Foi para fazer guerra, pelo que já vi, que tivestes vontade de vir até aqui.

ISABEL
Mesmo tendo em conta o ambiente de maior abertura e tolerância em que esta Comissão de Classificação e Exame atualmente funciona, coloco reticências à aprovação desta peça.

GONÇALO
Senhora, falai sem constrangimentos. Sofri já bastante na guerra.

ISABEL
Deve haver limites para a arte, sobretudo para o teatro, que contacta diretamente com as pessoas. Voto pela reprovação.

GONÇALO
É o meu soneto que estareis a censurar?

ISABEL
Já o escrevi noutros relatórios. O que é errado moralmente, não deixa de o ser por estar escrito de modo talentoso. Se uma peça faz apelo à

violência, esse apelo não passa a ser justo pelo fato de ser eloquente. A censura é útil.

GONÇALO
Tens alguma coisa a censurar nestes versos?

ISABEL
Ésquilo: o poeta deve esconder o mal e não o exibir nem ensinar. É que às criancinhas é o professor que as ensina e aos adolescentes, o poeta. Portanto, é absolutamente necessário que só tratemos do bem.

GONÇALO
Eurípedes: porventura não existia já a história de Fedra e fui eu que a inventei?

ISABEL
Milhões de adormecidos que custam muito a acordar. Orgulhosamente sós. Revolução. Igualdade. O salário que desce, desce, desce. Emigrar para o Brasil. Esta peça é um ato de propaganda. É tão explícita que nem deveria chamar-se de teatro. Quem procura uma carreira na política, não deve tentar fazê-lo à custa de Racine ou de Almeida Garrett. Preparai-vos.

GONÇALO
Para quê?

ISABEL
Preparai-vos.

(*Aguarda, em silêncio. Umedece os lábios.*)

ISABEL
Pelo modo como combina a linguagem obscena com a crítica política feita à custa de trocadilhos, esta peça é mais própria a ser apresentada no Parque Mayer ou noutro teatro de cariz popular, onde o público é menos exigente.

GONÇALO
Oh, céus! Que insolência!


FIM DO SEGUNDO ATO

# TERCEIRO ATO

(*A cena representa o pórtico do Palácio Real de Tebas.*)

(*Ao fundo, há uma montanha.*)

(*Antígona atravessa a cena.*)

ISABEL
Nos termos da lei não é permitido aumentar o número de linhas deste papel ou escrever nas suas margens. Imposto de selo, cinco escudos. Excelentíssimo Senhor Inspetor dos Espetáculos. Secretariado Nacional de Informação, Cultura Popular e Turismo. A Sociedade Artística "Teatro Moderno de Lisboa" vem requerer a Vossa Excelência que se digne mandar submeter à apreciação da Comissão de Exame e de Classificação dos Espetáculos a peça em dois atos *Andorra*, do autor suíço Max Frisch, tradução de Ilse Losa. Mais se requer que a decisão nos seja comunicada com a maior brevidade, pois tem esta sociedade um curtíssimo prazo para celebrar contrato com o autor da peça. Pede deferimento. Lisboa, 28 de fevereiro de 1962. Teatro Moderno de Lisboa. O Gerente. Carmen Dolores.

(*Do lado da montanha, chega um soldado.*)

(*É um dos guardas do cadáver de Polinices.*)

GONÇALO
Nesta peça, Andri, jovem que todos julgam judeu, convence-se, por isso, de que é realmente judeu. Sofrendo, como tal, tratamento humilhante dos seus compatriotas e violência dos agentes de uma potência ocupante do seu país, a sua personalidade é dum judeu — ama mais o dinheiro que a sua Pátria. Poderia parecer que não haveria qualquer inconveniente na representação da peça, uma vez que entre nós não se põe qualquer questão racial. Neste caso, nem sequer ficou provado que o perseguido fosse de fato judeu. Embora no nosso país nada haja que

possa assemelhar-se, não faltaria quem procurasse fazer comparações com imaginárias repressões violentas de ordem política, reforçadas com efeitos de encenação e com a representação de certas falas da peça. Em tais termos, pronuncio-me pela reprovação. Lisboa, 14 de março de 1962.
O censor. Geraldes Cardoso.

(*Entra o velho e cego Tirésias, guiado por um moço.*)

ISABEL
Todos os dias, a cada três palavras, ouço a palavra judeu. Não passo uma noite sem a palavra judeu. Ouço judeu quando alguém ressona, judeu, judeu, não há anedotas sem judeu, negócio sem judeu, maldição sem judeu, ouço judeu onde não está ninguém, judeu, judeu e outra vez judeu. As crianças fazem pouco dos judeus. Mal viro costas, todos o papagueiam, os cavalos relincham-no nas ruas: judeeeeu, judeeu, judeu.

(*Entra Creonte, vindo do palácio.*)

GONÇALO
Excelentíssimo Senhor Gerente do Teatro Moderno de Lisboa. Cine Teatro Império. Lisboa. Comunico a Vossa Excelência que a Comissão de Exame e Classificação dos Espetáculos, em sessão de 14 do corrente, deliberou reprovar a peça *Andorra*, cujo duplicado da peça se encontra à disposição dessa Gerência, nesta Inspeção. Inspeção dos Espetáculos. 16 de março de 1962. A Bem da Nação. O Inspetor Chefe. Óscar de Freitas.

(*Por um momento, a cena fica vazia.*)

(*Entra o coro.*)

ISABEL
Não é por acaso que o exame e a censura aos editores livreiros é diferente da que o Secretariado Nacional realiza junto das empresas teatrais.

GONÇALO
O Teatro Experimental de Cascais envia o livro em que está esta peça publicada e refere o fato de não ter sido proibida ou retirada de circulação.

ISABEL
Ler em silêncio é distinto de ler em voz alta.

GONÇALO
Esquecem-se de que o teatro é um acontecimento público, uma reunião de pessoas, e aquilo que pode ser lido individualmente e aceite ou rejeitado antes de ser público, ao ser apresentado num palco, passa imediatamente a ser uma mensagem.

ISABEL
Politicamente só existe aquilo que o público sabe que existe.

GONÇALO
Chamo a atenção dos meus colegas para os aditamentos enviados pelo autor reformulando as cenas em que se tinha realizado supressões quando este manuscrito foi submetido a exame pela primeira vez.

ISABEL
Tentam manter subentendida a mesma mensagem que se desejava cortar.

GONÇALO
Em vez de escreverem revolução.

(*Primavera*.)

ISABEL
Em vez de escreverem socialismo.

(*Aurora*.)

GONÇALO
Em vez de preso.

(*Companheiro.*)

ISABEL
Polícia.

(*Vampiro.*)

GONÇALO
O autor recorre a eufemismos. Maquiando com inocência o que quer realmente dizer. Se o autor deixasse de fora as passagens que proibimos, não poderia senão aprovar, mesmo que me desse conta de que a peça mantém um certo caráter tendencioso. O autor deveria ser mais criativo nos aditamentos que nos enviou. O autor insiste. O autor teima.

(*Antígona entra. As suas mãos estão sujas.*)

ISABEL
Nos termos da lei não é permitido aumentar o número de linhas deste papel ou escrever nas suas margens. Imposto de selo, cinco escudos. Excelentíssimo Senhor Inspetor dos Espetáculos. A Sociedade Artística "Teatro Moderno de Lisboa" vem requerer a Vossa Excelência que se digne mandar submeter à apreciação da Comissão de Exame e de Classificação dos Espetáculos a peça em dois atos *Andorra*, do autor suíço Max Frisch, tradução de Ilse Losa. Lisboa, 1964. Teatro Moderno de Lisboa. O Gerente. Carmen Dolores.

(*Entra Ismênia e dirige-se a Antígona.*)

GONÇALO
Não encontro uma razão decisiva para reprovar a peça *Andorra*, propondo, no entanto, a supressão de uma passagem no final que parece insinuar a cumplicidade do padre Benedict em todo o processo que le-

va à eliminação de Andri e seguidamente se transcreve: "Barblin: Onde estiveste, padre Benedict, quando levaram o nosso irmão como se levam as reses para o matadouro, onde estiveste? Ficaste como eles, marcado como eles, padre Benedict". 20 de dezembro de 1964. O Censor. Assinatura ilegível.

ISABEL
Não acredito.

GONÇALO
Andri, tu não és judeu.

ISABEL
Estas coisas sentem-se, senhor abade.

GONÇALO
Quais coisas se sentem?

ISABEL
Se se é judeu ou não.

GONÇALO
Digo-te e juro pela salvação da minha alma, és filho dele, és nosso filho, não pensemos mais nessa história de judeu. Explora, a meu ver, determinados preconceitos de uma certa sociedade, numa crítica a que não escapa a própria Igreja.

ISABEL
Contudo, pensou-se já muito nela.

GONÇALO
Reli-a atentamente e mantenho a reprovação. 22 de dezembro de 1964. O censor. Geraldes Cardoso.

(*Entra Antígona, com as mãos atadas atrás das costas.*)

ISABEL

Nos termos da lei não é permitido aumentar o número de linhas deste papel ou escrever nas suas margens. Imposto de selo, cinco escudos. Excelentíssimo Senhor Inspetor dos Espetáculos. A Sociedade Artística "Teatro Moderno de Lisboa" vem requerer a Vossa Excelência que se digne mandar submeter à apreciação da Comissão de Exame e de Classificação dos Espetáculos a peça em dois atos *Andorra*, do autor suíço Max Frisch, tradução de Ilse Losa. Lisboa, 1965. Teatro Moderno de Lisboa. O Gerente. Carmen Dolores.

(*Entra Creonte, acompanhado de escravos.*)

GONÇALO

À primeira vista, é-se levado a aprovar. A peça parece até inofensiva. Mas lendo melhor, é cheia de equívocos e de sugestões negativas. Reprová-la? É o que merece.

ISABEL

Ainda mal compreendia as palavras, já me diziam que eu era diferente. Depois comecei a observar se haveria alguma verdade no que diziam.

GONÇALO

Autorizar com cortes e precauções na encenação e na representação? Não será cairmos numa ingenuidade?

ISABEL

Faziam-me ver como gente da minha laia se movia, assim e assim, e eu olhava-me ao espelho todas as noites. Eles têm razão — movo-me assim e assim. Sou diferente.

GONÇALO

Entendo, pois, que esta terceira tentativa para levar aos palcos esta obra de Max Frisch não pode ser, nesta altura, coroada de êxito. Lisboa, 1965. O censor. Assinatura ilegível.

(*Os escravos empurram Antígona para fora do palco.*)

(*Fica apenas o coro na cena.*)

ISABEL
O censor assistiu ao ensaio de apuro desta comédia. Estava conforme, mas não será um êxito.

GONÇALO
Requeremos à Excelentíssima Comissão o agendamento de novo ensaio de apuro.

ISABEL
No ensaio de apuro, estiveram presentes três censores destes serviços.

GONÇALO
O texto estava conforme aos cortes realizados pelos nossos serviços.

ISABEL
Pede-se à direção do teatro que avise o ator Canto e Castro de que deve respeitar os cortes realizados no texto submetido a exame.

GONÇALO
O não cumprimento dos cortes obrigará a uma multa.

ISABEL
Estaremos vigilantes.

GONÇALO
No ensaio geral, verificaram-se deficiências e incumprimentos resultantes da pequena diferença de tempo entre o exame do texto e o início do ensaio (cerca de três horas).

ISABEL
O bailado era ótimo. A cena em que uma das jovens se despe ainda não estava pronta. Receamos a cena de violência doméstica.

GONÇALO
Haverá que ter atenção às representações.

(*A luz baixa.*)

(*Escurece.*)

(*Blackout.*)

ISABEL
Não pudemos ver a iluminação por problemas técnicos.

GONÇALO
A cena em que são vistas ao longe as luzes vermelhas do farol.

ISABEL
As luzes devem ser roxas.

GONÇALO
Roxas e não vermelhas. Também já mencionamos mais que uma vez ao Teatro ABC o cuidado a ter com as roupas justas das figurantes. É uma questão de decência.

ISABEL
No final do segundo ato, o ator não deve olhar para a atriz com luxúria.

GONÇALO
A atriz não deve tocar no ator a meio da cena quatro.

ISABEL
As sombras chinesas são de mau gosto. É uma encenação pseudointelectual e pretensiosa.

GONÇALO
Não se pode confiar nas novas companhias porque é imprevisível o

que farão com os textos. São artistas influenciados por estéticas estrangeiras.

ISABEL
O encenador estudou na França. Foi necessária toda a atenção nos ensaios de apuro.

GONÇALO
Uma encenação assente na técnica física e vocal do elenco, onde perpassa a vontade de estetização do espírito de desobediência.

ISABEL
Uma chatice.

GONÇALO
Fui designado para, em conjunto com o meu ilustre colega, assistir em Coimbra à representação de *Macbeth*, pelo Círculo de Iniciação Teatral da Academia de Coimbra, em ensaio geral de apuro. Entre aquilo que li e aquilo que ouvi não há qualquer espécie de semelhança. Pede-se à Polícia de Segurança Pública que avise este grupo universitário.

ISABEL
Não basta que as palavras estejam conformes ao texto censurado. É imperativo que a representação e a encenação não adulterem o espírito da peça.

GONÇALO
O elenco porta-se bem, mas suspeitamos que mude de comportamento assim que tenha público na plateia em vez dos meus dignos colegas censores.

ISABEL
Assisti ao ensaio de um grupo jovem, inovador, culto e perigoso.

GONÇALO
O perigo não está na frase, mas no modo como esta é representada.

Pedimos atenção aos colegas censores para a personagem interpretada pela jovem atriz Eunice Muñoz.

ISABEL
Érico Braga é um belíssimo ator.

GONÇALO
Mas na voz do ator percebe-se que está a criticar.

ISABEL
O texto é de boa moral, mas o ator acrescenta-lhe o subtexto.

GONÇALO
O que é que disseste?

(*Pausa.*)

ISABEL
Nada.

GONÇALO
O ator acrescenta-lhe o subtexto.

ISABEL
Não. Não disse nada.

(*Silêncio.*)

GONÇALO
Pareceu-me que querias dizer qualquer coisa com isso.

ISABEL
Foi impressão tua.

GONÇALO
O que é que queres dizer com isso?

(*Silêncio tenso.*)

ISABEL
Nada. O ator acrescenta-lhe o subtexto. Nada.

GONÇALO
Certas palavras têm um simbolismo que fica implícito e que a representação pode explicitar.

ISABEL
Não disse nada.

GONÇALO
A construção psicológica das personagens é desculpa para muita coisa. Não é pelo fato de a personagem ser classificada como maníaca na cena seguinte que poderá, na cena anterior, ser representada provocatoriamente.

ISABEL
Foi impressão tua.

GONÇALO
Ser ou não ser, eis a questão. Qual é a mais digna ação do ânimo: sofrer os tiros penetrantes da fortuna injusta (da fortuna adversa), ou opor os braços a essa torrente de calamidades e dar-lhes fim com atrevida resistência (com atrevida defesa)? Não posso deixar de expressar reservas em relação a algumas passagens da tradução que parece, propositadamente, desejar adaptar o texto original para glorificar a rebeldia contra as instituições. Morrer, dormir. Não mais? E por um sono, diremos que as injustiças se acabam (que as aflições se acabam) e terminam as dores sem número, patrimônio da nossa débil natureza? Morrer, dormir... sonhar, talvez. Sim, e vede aqui o grande obstáculo; porque considerar que sonhos poderão ocorrer no silêncio do sepulcro, quando tivermos abandonado este despojo mortal, é razão muito poderosa para nos deter. É essa consideração que torna longa a nossa infelicidade. Quem, se isto não fosse assim, suportaria a lentidão dos tri-

bunais (a morosidade da justiça), a insolência dos empregados, as tropelias que o mérito recebe pacificamente dos homens mais indignos, as angústias de um amor mal retribuído, as injúrias e quebrantos da idade, a violência dos tiranos (os maus tratos dos infames), o desprezo dos soberbos... quando aquele que sofre tudo isto poderia procurar a quietação apenas com um punhal?

ISABEL
Nos termos da lei não é permitido aumentar o número de linhas deste papel ou escrever nas suas margens. Imposto de selo, cinco escudos. Excelentíssimo Senhor Inspetor dos Espetáculos. A Sociedade Artística "Teatro Moderno de Lisboa" vem de novo requerer a Vossa Excelência que se digne mandar submeter à apreciação da Comissão de Exame e de Classificação dos Espetáculos a peça em dois atos *Andorra*, do autor suíço Max Frisch, tradução de Ilse Losa. Lisboa, 1967. Teatro Moderno de Lisboa. O Gerente. Carmen Dolores.

GONÇALO
Uma vez que quaisquer cortes iriam afetar o valor literário da obra, sugiro no manuscrito alternativas a todas as expressões e palavras que me parecem reprováveis para que se realize a correção da tradução que posteriormente analisaremos. Quem poderia tolerar tanta opressão (tanto sofrimento), suando, gemendo sob o peso de uma vida incômoda... Se não fosse o temor de que exista alguma coisa mais para além da morte, esse país desconhecido de cujos limites nenhum caminhante regressa... E nos embaraça em dúvidas. E nos faz sofrer as injustiças que nos cercam (e nos faz sofrer os males que nos cercam), de preferência a ir buscar outros de que não temos seguro conhecimento?

ISABEL
Nos termos da lei não é permitido aumentar o número de linhas deste papel ou escrever nas suas margens. Imposto de selo, cinco escudos. Excelentíssimo Senhor Inspetor dos Espetáculos. A Sociedade Artística "Teatro Moderno de Lisboa" vem de novo requerer a Vossa Excelência. Que se digne mandar submeter à apreciação da Comissão de Exame e de Classificação dos Espetáculos a peça em dois atos *Andorra*, do

autor suíço Max Frisch, tradução de Ilse Losa. Lisboa, 25 de abril de 1969. Teatro Moderno de Lisboa. O Gerente. Carmen Dolores.

(*Música.*)

(*Antígona sai.*)

(*Ismênia sai.*)

(*Célimène sai.*)

(*Creonte sai, levando o cadáver de Hêmon nos braços.*)

(*Aumenta o volume da música.*)

(*Clov sai.*)

(*Minetti sai.*)

(*Antonio sai.*)

(*Xantias sai, montado num burro.*)

(*Eben sai.*)

(*Galileu sai, tão transformado pelo julgamento que está praticamente irreconhecível.*)

(*Berenice sai.*)

(*Titus sai.*)

(*Macha sai.*)

(*Stockman sai.*)

(*O Mensageiro sai.*)

(*Andri sai.*)

(*João sai.*)

(*O frade sai.*)

(*O coro sai.*)

(*Termina a comédia.*)

(*Cortina.*)

# By Heart

Boa noite. Obrigado por terem vindo. Como podem ver, estão dez cadeiras no palco. Preciso que dez espectadores venham sentar-se nessas cadeiras. Antes de aceitarem o meu convite, com entusiasmo, devo avisar que esses dez espectadores irão aprender um texto de cor. Um texto pequeno. Fácil de aprender. Não é assim tão fácil. É bastante difícil. Mas é possível. É um texto possível. Está ao vosso alcance. Essas dez pessoas não terão que representar. Não terão que fazer nada de especial. Vai ser tudo muito tranquilo e normal. Eu também sou alérgico ao teatro interativo. Não vou manipular estas dez pessoas. E se o fizer, fá-lo-ei docemente. Finalmente, queria dizer-vos que o espetáculo só começa quando as dez cadeiras estiverem ocupadas. Obrigado.

(*Dez espectadores decidem subir ao palco e ocupar as dez cadeiras.*)

Quando vou visitar a minha avó à aldeia, costumo trazer oferendas para casa. Marmelada, chouriços, queijo, azeite, azeitonas, amêndoas. Mas, numa dessas visitas, trouxe livros. Caixas de fruta cheias de livros. E o que aconteceu nessa visita fez-me pensar num programa de televisão. Um programa do canal holandês VPRO, que tinha visto há alguns anos. Quando regressei da aldeia, procurei esse programa na Internet. Chama-se *Da Beleza e da Consolação*. *Van de Schoonheid en de Troost*, em holandês. *Da Beleza e da Consolação*. O autor do programa chama-se Wim Kayser. Num dos episódios, Wim Kayser entrevista o professor de literatura George Steiner. Encontrei precisamente esse episódio na Internet e descarreguei-o para o meu computador. E fiquei obcecado. Passei a ver aquele mesmo episódio todos os dias. Como uma criança que exige que lhe contem a mesma história todas as noites. E se contamos a história de uma maneira ligeiramente diferente, ela diz logo: não é assim... E, tal como a criança, aprendi aquele episódio de cor.

George Steiner. George Steiner sentado num cadeirão. Atrás dele uma estante cheia de livros. Tem uma camisa listrada cinzenta e branca. Gravata preta. Pulôver vermelho sem mangas. É a imagem típica do velho erudito. Mas às vezes tem uma expressão de entusiasmo infantil.

George Steiner. *Da Beleza e da Consolação*. Princípio de citação. Foi em 1937, Congresso Soviético dos Escritores. Foi o pior ano. Um dos piores anos. As pessoas desapareciam como moscas, todos os dias. Os amigos de Boris Pasternak juntaram-se à sua volta. E disseram-lhe: se falares no congresso, eles prendem-te; e se não falares, eles prendem-te na mesma, por insubordinação irônica. Havia duas mil pessoas presentes. Idanov, o assassino político stalinista, estava lá, sentado no palco. Foi um congresso de três dias. Todos os discursos eram: obrigado ao irmão Stálin, obrigado ao pai Stálin, obrigado ao novo modelo de verdade stalinista. E nem uma palavra de Pasternak. No terceiro dia, os amigos disseram-lhe: faças o que fizeres, eles vão prender-te. Por favor, talvez pudesses dizer alguma coisa. Algo que possamos guardar conosco enquanto estiveres preso. Pasternak era um homem incrivelmente bonito. Tinha mais de um metro e oitenta. Quando ele se levantava, toda a gente dava-se conta. Ele levanta-se. Dizem-me que o silêncio se ouvia até Vladivostok. E quando Pasternak se levanta e sobe ao palco, ele diz um número. Um número. E duas mil pessoas levantam-se. Era o número de um certo soneto de Shakespeare. Um soneto que ele traduzira para o russo. E que os russos ainda hoje dizem ser, a par de Púchkin, um dos maiores textos da língua russa. Mas é Shakespeare. É uma tradução.

*When to the sessions of sweet silent thought*
*I summon up remembrance of things past.*

Um soneto de Shakespeare sobre a memória. E quando Pasternak diz esse número, as duas mil pessoas levantam-se e recitam o soneto de cor. A tradução de Pasternak. E dizia tudo. Dizia: não nos podem tocar; não podem destruir Shakespeare; não podem destruir a língua russa; não podem destruir o fato de sabermos de cor o que Pasternak nos deu. E não prenderam Pasternak. É uma das grandes histórias.

*When to the sessions of sweet silent thought*
*I summon up remembrance of things past,*
*I sigh the lack of many a thing I sought,*
*And with old woes new wail my dear time's waste:*

*Then can I drown an eye, unused to flow,*
*For precious friends hid in death's dateless night,*
*And weep afresh love's long since cancelled woe,*
*And moan the expense of many a vanished sight:*
*Then can I grieve at grievances foregone,*
*And heavily from woe to woe tell over*
*The sad account of fore-bemoaned moan,*
*Which I new pay as if not paid before.*
*But if the while I think on thee, dear friend,*
*All losses are restored and sorrows end.*

Dizem-me que em russo é tão mágico como em inglês. Fim de citação.

Quando em meu mudo e doce pensamento
Chamo à lembrança as coisas que passaram,
Choro o que em vão busquei e me sustento
Gastando o tempo em penas que ficaram.
E afogo os olhos (pouco afins ao pranto)
Por amigos que a morte em treva esconde
E choro a dor de amar cerrada há tanto
E a visão que se foi e não responde.
E então me enlutam lutos já passados,
Me falam desventura e desventura,
Lamentos tristemente lamentados.
Pago o que já paguei e com usura.
Mas basta em ti pensar, amigo, e assim
Têm cura as perdas e as tristezas fim.

O soneto 30 de William Shakespeare. Estas dez pessoas vão aprender este soneto de cor. Na realidade, o espetáculo só termina quando estas dez pessoas souberem este soneto de cor.

Quando em meu mudo e doce pensamento
Chamo à lembrança as coisas que passaram.

(*Os dez espectadores que estão no palco são dirigidos como se fossem um coro e repetem os dois primeiros versos em uníssono até os saberem de cor.*)

Quando em meu mudo e doce pensamento
Chamo à lembrança as coisas que passaram.

Dois versos. Soneto 30. William Shakespeare.

George Steiner. *Da Beleza e da Consolação*. Princípio de citação. Penso que somos o que recordamos. E eles não podem tirar-nos o que está em nós. Deixem-me explicar exatamente o que quero dizer. Aprendemos durante o século XX que nos podem tirar tudo. A nossa casa. A nossa família. O nosso ganha-pão. Aprendemos que somos todos errantes. Que, neste mundo, somos todos presas numa caçada. Isto é o que define o século XX. Ainda hoje, em vários pontos do planeta, muitas pessoas estão a viver isso. Estão a tornar-se, abre aspas, judeus, fecha aspas. Ou seja, estão a tornar-se presas ou predadores. Mas o que levamos dentro de nós. Os filhos da mãe não conseguem tirar-nos o que levamos dentro de nós...

Apenas um pequeno parênteses na citação do Steiner. No original, ele diz "the sons of bitches can't take away what we carry in us". The sons of bitches. Eu traduzi por "filhos da mãe". É talvez um pouco leve, em tempos tão pesados como os nossos. Mas vocês podem traduzir como entenderem. Podem até usar nomes próprios, se vos for mais prático. Fim de parênteses e voltamos à citação.

Os filhos da mãe não conseguem tirar-nos o que levamos dentro de nós. Conta-se uma história verdadeira de um dos campos de concentração. Birkenau. Em Birkenau havia um bibliotecário. Vinha de um dos grandes seminários judeus da Polônia. Um homem com uma daquelas memórias da Torá e do Talmude, não tão raras assim naquela cultura. Ele sabia os cinco livros de Moisés de cor, naturalmente. Mas também grandes partes do Talmude, do Midrash e da Mishná. E no campo de concentração, ele dizia às pessoas: se precisares ler alguma coisa, vem lê-la em mim. Abre o livro de mim próprio. Uma imagem magnífica. Eu tenho o livro em mim e podem consultá-lo. Não se preocupem por terem perdido todos os livros. Leiam-me. Fim de citação.

Há um contemporâneo deste bibliotecário que é uma espécie de versão sombria dele. Uma espécie de Darth Vader do bibliotecário. Adolf Hitler. Hitler viveu em Viena entre os 18 e os 24 anos, quando ainda sonhava em ser pintor. O arquiteto Albert Speer, amigo íntimo e secretário pessoal de Hitler, conta que ele conseguia, em qualquer ocasião, desde que lhe dessem lápis e papel, desenhar o Ring de Viena em escala com todos os seus monumentos. Albert Speer conta que a memória dele era tão fotográfica que chegava ao ponto de desenhar a exata quantidade de janelas que havia na fachada dos prédios. Noutro livro que está numa destas caixas de fruta, *Suave é a noite*, do F. Scott Fitzgerald, há um episódio em que o protagonista Dick Diver está com um grupo de amigos na Gare Saint-Lazare, em Paris, a despedir-se de um outro amigo que vai apanhar o comboio. No momento em que o comboio vai partir, uma mulher saca um revólver e mata o seu amante no cais. Esta morte não tem nada a ver com a história do livro. É uma coisa que acontece à margem do enredo, mas à qual Dick Diver e os seus amigos assistem. Mais tarde, Dick Diver vai perguntar: conseguiremos alguma vez voltar a ver um comboio partir sem ouvir o som daquele tiro?

Quando em meu mudo e doce pensamento
Chamo à lembrança as coisas que passaram,
Choro o que em vão busquei e me sustento
Gastando o tempo em penas que ficaram.

(*Os dez espectadores que estão no palco repetem os quatro primeiros versos em coro até os saberem de cor.*)

Quando em meu mudo e doce pensamento
Chamo à lembrança as coisas que passaram,
Choro o que em vão busquei e me sustento
Gastando o tempo em penas que ficaram.

Quatro versos. Soneto 30. William Shakespeare.

Quando regressei da visita que fiz à minha avó e fiquei obcecado pelo programa *Da Beleza e da Consolação*, resolvi escrever uma carta ao George Steiner. Através da Relógio d'Água, a editora dos livros dele em Portugal, obtive um endereço do gabinete dele na universidade de Cambridge, para o qual enviei a carta que vos vou ler agora. Não sei esta carta de cor por causa de uma coisa que o próprio Steiner diz. George Steiner. Princípio de citação. A maior homenagem que alguém pode fazer a um poema ou texto que ama é aprendê-lo de cor, *by heart* ou *par coeur*. Não *by brain*, apenas com a cabeça, mas de cor, de coração. Porque a expressão é vital. Fim de citação. Isto é só uma carta que eu escrevi. Não merece ser aprendida de cor. Vou ler.

Estimado professor Steiner. Imagine uma aldeia por trás das montanhas. Por trás da aldeia, um rio sinuoso e escuro. As montanhas cobertas de amendoeiras e vinhas. Também algumas oliveiras e laranjeiras. Imagine vinte casas. Imagine o silêncio. Há meio século, havia barulho nesta aldeia. As mesmas vinte casas, mas muito barulho. Havia crianças, havia famílias, havia mais de trinta burros. Agora só há velhos. E sobram dois burros. Dois burros também já velhos. Imagine uma casa no centro da aldeia. É o lar. É o lar dos velhos duma aldeia onde só vivem velhos. E é aí que vive a minha avó.
Tudo isto que lhe peço para imaginar existe realmente. Agora está a imaginar esta aldeia à sua maneira. Talvez esteja a imaginá-la bastante diferente do que ela é realmente. Mas, embora diferente do que imagina, ela existe realmente. O lar de velhos no centro dessa aldeia existe realmente. O silêncio existe realmente. A minha avó também existe realmente. Chama-se Cândida. Nasceu em 1919. Tem hoje 93 anos.
Cândida foi uma criança muito inteligente. O professor que a ensinou a ler queria que ela continuasse os estudos. Aos dez anos, Cândida teve que começar a trabalhar para ajudar a família. Mas continuou a ler. Lia tudo o que lhe vinha parar às mãos. Casou com o meu avô e abriram uma tasca juntos. Cândida cozinhava bacalhau frito e cabrito no forno. Havia gente que vinha de longe para comer o que ela cozinhava. Cândida foi cozinheira durante quase todo o século XX. Quando

começou a Segunda Guerra Mundial, Cândida já cozinhava bacalhau. Quando caíram as Torres Gêmeas, Cândida ainda cozinhava cabrito. Cândida teve três filhos. Fez questão de que todos fossem para a universidade. Entretanto, continuou sempre a ler. Dois filhos morreram. Um na guerra. Outro atropelado. O único filho de Cândida que sobreviveu foi o meu pai, o jornalista. O jornalista herdou da mãe o vício dos livros. Cândida pedia ao seu único filho vivo que lhe trouxesse livros. Lembro-me de ela recitar passagens desses livros de cor quando eu era pequeno. Um dia Cândida e o marido venderam a tasca. Já estavam a ficar velhos. Cândida continuou a ler. O marido de Cândida morreu. Cândida diz que foi de repente. Como um pássaro. E continuou a ler, agora sem ninguém que lhe interrompesse a leitura.
Quando o corpo começou a falhar, decidiu ir viver para o lar. Entretanto isso, eu, o neto ator, também tinha começado a levar-lhe livros. Uma caixa a cada visita. Sobretudo romances e poesia. Caixas de fruta cheias de livros que ela guardava debaixo da cama. Cândida não demorou muito a esgotar a minha pequena biblioteca. No entanto, na minha última visita pediu-me que não lhe levasse mais livros. E que trouxesse comigo todos os que estavam com ela. Os médicos disseram-lhe que está a perder a vista. Uma questão de alguns meses e deixará de ver. E quanto mais ler, mais veloz será o processo. Pensei que Cândida desejava desfazer-se dos livros para adiar a cegueira. No entanto, ela tinha outro favor a pedir-me. Cândida disse que quer decorar um livro. Quer dedicar o tempo de visão que lhe resta a decorar um só livro. Um livro que fique guardado na sua memória. Um livro que possa ler mentalmente quando os olhos lhe falharem. Não fiquei muito surpreendido quando Cândida me anunciou o seu desejo. Já lhe disse que Cândida sempre gostou de decorar passagens dos livros que lia. E listas de coisas. Das coisas mais variadas. Nomes de rios, de aldeias. Adivinhas. Lembro-me de adormecer com Cândida a dizer-me adivinhas. E nunca revelava as soluções. Deixava-as para os meus sonhos. Somos duas irmãs gêmeas, despidas ou enfeitadas; nunca nos podemos ver e nunca andamos zangadas. Verde foi meu nascimento e de luto me vesti, para dar a luz ao mundo, mil tormentos padeci. Alto está, alto mora; todos o veem, ninguém o adora. Uma senhorinha, muito assenhorada; nunca sai de casa e está sempre molhada.

Agora Cândida quer decorar um último livro. O livro definitivo. O favor que me pediu foi que escolhesse esse livro. Estimado professor, julgo que agora percebe a dimensão do meu problema. Pressionado pelo tempo, devo cumprir esta missão terrível. Peço-lhe que me aconselhe. Qual livro? Qual último livro? Entendo, se recusar. A responsabilidade não é sua. Eu próprio pensei em recusar, mas Cândida é persuasiva. Obrigado pelo seu tempo. Fim da carta.

E afogo os olhos (pouco afins ao pranto)
Por amigos que a morte em treva esconde
E choro a dor de amar cerrada há tanto
E a visão que se foi e não responde.

(*Os espectadores que estão no palco repetem os versos até os saberem de cor.*)

E afogo os olhos (pouco afins ao pranto)
Por amigos que a morte em treva esconde
E choro a dor de amar cerrada há tanto
E a visão que se foi e não responde.

Oito versos. Soneto 30. William Shakespeare.

Numa destas caixas de fruta, há um livro que eu não me lembrava de ter emprestado à minha avó. *Fahrenheit 451*, do Ray Bradbury. Nunca tinha lido este livro. Folheei-o e encontrei este programa duma projeção num cinema de Lisboa, em 1971, do filme que o Truffaut fez a partir do romance. Lembro-me de pensar que, quem quer que fosse o dono deste livro, estava a lê-lo quando foi ver o filme. Perguntei ao meu pai, o jornalista, se seria dele, mas ele respondeu: talvez sim, talvez não. E o filme do Truffaut, lembras-te de o teres visto em 1971?, perguntei-lhe. Talvez sim, talvez não. Para jornalista, é um tipo um bocado cabeça no ar o meu pai.

Li o livro e achei graça tê-lo encontrado precisamente na altura em que a minha avó queria aprender um livro de cor. Provavelmente muitos de vocês já leram este livro, mas para o caso de haver aqui alguém que, como eu, nunca o tenha lido, vou explicar rapidamente do que trata, para todos sabermos do que estamos a falar.

O protagonista é um bombeiro chamado Montag, mas, no tempo em que se passa a ação, os bombeiros deixaram de extinguir os incêndios. Na verdade, os bombeiros passaram a atear incêndios. Mais precisamente, queimam livros proibidos. A lista de livros proibidos inclui milhões de títulos, e os bombeiros andam pela cidade a incendiar casas onde há bibliotecas secretas com livros proibidos. O título, *Fahrenheit 451*, é a temperatura a que os livros ardem. São aproximadamente 233 graus Celsius. Fui verificar na Internet. Podem experimentar em casa. Ligam o forno a 233º C, colocam lá um livro e... Há livros que podemos queimar, não há?

Enquanto lia este livro, encontrei umas páginas sublinhadas a vermelho. Teria sido a minha avó, a cozinheira, a sublinhar estas páginas? O meu pai, o jornalista? Ou então o anônimo primeiro proprietário deste livro, cuja profissão desconhecemos? Fiquei obcecado por estas páginas sublinhadas a vermelho. Li e reli estas páginas. E sim, aprendi-as de cor.

Ray Bradbury. *Fahrenheit 451*. Princípio de citação. Era uma casa de dois andares, na parte mais antiga da cidade. O carro estacou. Beatty, Stoneman e Black atravessaram a calçada, subitamente odiosos. Montag seguiu-os. Arrombaram a porta de entrada e agarraram uma velha senhora que, no entanto, não corria nem sequer tentava fugir. Estava simplesmente de pé, oscilando, os olhos vazios no vácuo, em frente à parede, como se os homens lhe tivessem dado uma terrível pancada na cabeça. A língua agitava-se-lhe na boca. E os olhos pareciam tentar lembrar-se de qualquer coisa. Depois lembrou-se. Os seus lábios moveram-se de novo e disse:
"Seja um homem, senhor Ridley. Vamos hoje, pela graça de Deus, acender na Inglaterra um facho que, tenho a certeza, nunca mais se extinguirá."
"Basta", disse Beatty. "Onde estão eles?"

Esbofeteou-a com uma calma surpreendente e repetiu a pergunta. A velha senhora olhava-o atentamente.
"Sabe perfeitamente onde eles estão", respondeu. "Senão não estaria aqui."
"Bem, atenção rapazes, vamos a isto!", disse o capitão Beatty.
Momentos depois encontravam-se no sótão, no meio de uma escuridão cheirando a mofo, arrebentando a machadadas as portas que nem sequer estavam fechadas à chave, tropeçando em tudo como garotos travessos e barulhentos.
"Olha!"
Uma chuva de livros abateu-se sobre Montag, enquanto ele subia os degraus que conduziam ao sótão. Livros bombardeavam-lhe as costas, os braços, o rosto virado para cima. Um livro tombou suavemente, como um pombo branco, nas suas mãos. As asas palpitantes. Na penumbra, uma página abriu-se, como uma pluma de neve. As palavras delicadamente traçadas na superfície branca. Na confusão, Montag apenas teve um segundo para ler uma linha, mas essa linha brilhou no seu espírito durante todo o minuto seguinte, como marcada a ferro em brasa: "O tempo adormeceu sob o sol da tarde". Largou o livro. Imediatamente um outro lhe caiu nos braços.
"Montag, chega aqui."
Os dedos de Montag fecharam-se como lábios. Apertou o livro com um furor selvagem, com uma súbita demência, contra o peito. Os homens, lá em cima, lançavam braçadas de revistas no ar poeirento. Elas tombavam como aves massacradas. E a mulher, embaixo, conservava-se imóvel, como uma criança no meio dos cadáveres.
Montag nada tinha feito. Fora a sua mão, a sua mão dotada de um cérebro próprio, de uma consciência e de uma curiosidade vivas em cada um dos seus dedos trementes, que tinha cometido o roubo. E agora mergulhava-a por baixo do braço, colocava o livro sobre a axila suada e voltava, vazia, com um gesto de prestidigitador. Olhem! Nada nesta mão! Olhem bem!
"Montag! Não fiques aí parado, idiota."
Gasolina! Aspergiram cada livro, inundaram toda a casa. Depois desceram as escadas a correr. Montag, atrás deles, cambaleava por entre os vapores da gasolina.

"Vamos embora, mulher."
Ajoelhada entre os livros, ela acariciava o couro e o cartão inundados. Seguia os títulos com as pontas dos dedos, enquanto os seus olhos acusavam Montag. Beatty ergueu a mão em que tinha o isqueiro. Montag pousou a mão no braço da velha senhora.
"Deve vir comigo."
"Não", respondeu ela.
"Vou contar até dez", disse Beatty. "Um, dois."
"Vá-se embora", disse a mulher.
"Três, quatro."
"Venha." Montag puxou-a pelo braço.
"Quero ficar aqui", replicou ela, calmamente.
"Cinco, seis."
"Pode parar de contar", disse a mulher.
Afastou ligeiramente os dedos e na sua mão apareceu um pequeno objeto. Um simples fósforo. Os homens, ao vê-lo, correram para fora de casa. A mulher triturava o fósforo entre os dedos. Os vapores da gasolina subiam em volutas à sua volta. Montag sentia o livro apertado contra o peito, batendo como um coração. "Vão-se embora", disse a mulher. E Montag sentiu-se recuar, afastar-se, descer os degraus, atravessar o jardim onde o rastro da gasolina serpenteava como uma serpente maléfica. A mulher, à porta. Estendeu o braço com um gesto de desprezo que os envolveu a todos. E esfregou o fósforo na balaustrada. Por toda a rua as pessoas começaram a sair, correndo, das casas.
"Senhor Ridley", disse enfim Montag.
"O quê?", perguntou Beatty.
"Ela disse: 'senhor Ridley'. Disse qualquer coisa insensata quando entramos. 'Seja um homem senhor Ridley' e não sei que mais…"
"Vamos hoje, pela graça de Deus, acender na Inglaterra um facho que, tenho a certeza, nunca mais se extinguirá", disse Beatty. "Um homem chamado Latimer disse estas palavras a um outro que se chamava Nicholas Ridley no momento em que iam ser queimados vivos por heresia em Oxford, 16 de outubro de 1555. Há uma quantidade de frases e passagens que me vêm constantemente à memória. É inevitável para a maior parte dos capitães."
Fim de citação.

Na verdade, o Ray Bradbury começou a escrever por causa da memória. Quando tinha dez anos, o Ray Bradbury costumava ouvir um programa de rádio. *Chandu, o Mágico*. Vamos imaginar que o programa passava todos os dias, de segunda a sexta, às quatro da tarde. Demorava meia hora. Então, às quatro da tarde, o Ray Bradbury de dez anos já tinha vindo da escola e sentava-se, religiosamente, ao lado do transistor a ouvir o *Chandu, o Mágico*. Passava meia hora a ouvir o programa com toda a atenção. Às quatro e meia, desligava o transistor e punha-se a escrever tudo o que recordava do episódio desse dia. À força de tanto fazer isto, desenvolveu uma memória prodigiosa e era capaz de transcrever palavra por palavra cada episódio de *Chandu, o Mágico*. Mas havia um problema: os dias em que *Chandu, o Mágico* não passava na rádio. Vamos imaginar que eram o sábado e o domingo. Então o que é que fazia o Ray Bradbury de dez anos aos sábados e domingos? Às quatro da tarde, sentava-se, religiosamente, ao lado do transistor. Não ligava o transistor. Ficava meia hora em silêncio. E às quatro e meia, começava a escrever aquele que poderia ter sido o episódio daquele dia de *Chandu, o Mágico*. E esses são os primeiros contos do Ray Bradbury, escritos aos dez anos. Eu acho isso interessante.

E então me enlutam lutos já passados,
Me falam desventura e desventura,
Lamentos tristemente lamentados.
Pago o que já paguei e com usura.

(*Os espectadores que estão no palco repetem os versos até os saberem de cor.*)

E então me enlutam lutos já passados,
Me falam desventura e desventura,
Lamentos tristemente lamentados.
Pago o que já paguei e com usura.

Doze versos. Soneto 30. William Shakespeare.

George Steiner. *Da Beleza e da Consolação*. Início de citação. O poeta russo Óssip Mandelstam foi perseguido, preso, torturado e morreu em Vladivostok. Todos os livros e poemas de Óssip Mandelstam foram confiscados. Então Nadiéjda Mandelstam, a sua mulher, ensinava um poema a dez pessoas. Reunia amigos e desconhecidos na sua cozinha e ensinava um poema de Mandelstam a dez pessoas de cada vez. Isso significa que, ao fim de 60 poemas, havia 600 pessoas que os sabiam de cor. E quando cada uma das pessoas que tinha aprendido um poema na cozinha de Nadiéjda o ensinava a dez outras pessoas, então aí o número aumentava incontrolavelmente. E esses poemas estavam salvos. Nada podia pará-los. Esta é, parece-me, a forma mais profunda de publicação. A publicação da alma humana. Assim que dez pessoas sabem um poema de cor, não há nada que o KGB, a CIA ou a Gestapo possam fazer. Esse poema vai sobreviver. Fim de citação.

Um dos desconhecidos que aprendeu poemas de Mandelstam na cozinha de Nadiéjda chamava-se Joseph Brodsky. Era um jovem estudante de literatura de São Petersburgo. Mais tarde, já exilado nos Estados Unidos, irá tornar-se ensaísta, poeta, tradutor de Óssip Mandelstam para o inglês e Prêmio Nobel da Literatura. Quando Nadiéjda Mandelstam morreu, nos anos 80, Joseph Brodsky escreveu o seu obituário para um jornal americano.

Princípio de citação. O que fortaleceu os laços do casamento de Nadiéjda e Óssip Mandelstam foi uma questão técnica: a necessidade de imprimir na memória tudo o que não podia ser impresso em papel, os poemas. Repetir dia e noite as palavras do seu marido morto estava, sem dúvida, ligado a compreendê-las melhor, mas também a citar a voz dele, com as peculiares entoações que só ele possuía, com uma efêmera mas palpável sensação da sua presença, com a noção de que ele mantinha a sua parte do acordo, o tal "nos bons e nos maus momentos", especialmente nestes últimos. Já não se tratava apenas das palavras, mas de todas as coisas que não podiam sobreviver senão na memória. Gradualmente, essas coisas foram tomando conta dela. Se há algum substituto do amor, esse substituto é a memória. Aprender de cor é, então, restaurar a intimidade. Fim de citação.

Em russo, Nadiéjda significa "esperança". O primeiro volume das memórias dela chama-se *Nadiéjda contra Nadiéjda*. E quando conto a história de Nadiéjda, tenho que pensar no final do livro *Fahrenheit 451*, quando o bombeiro Montag resolve juntar-se à resistência. E o que é a resistência? São mulheres e homens que aprendem livros proibidos de cor. Decoram os livros e depois queimam-nos, para que não sejam apanhados com livros proibidos em sua posse. E depois esperam. São cidadãos discretos e cumpridores da lei, que esperam o dia em que seja de novo possível publicar esses livros, o dia em que serão chamados para recitar em voz alta esses livros que têm na cabeça para que eles possam de novo ser impressos. E, na resistência, os soldados têm nomes de código, nomes de guerra, que são os nomes dos autores dos livros que eles sabem de cor ou dos títulos desses livros. Existe, portanto, o soldado Estrangeiro ou soldado Camus. O soldado Processo, ou soldado Kafka. O soldado Hemingway, ou soldado Por Quem os Sinos Dobram. O soldado Fitzgerald, ou soldado Suave É a Noite (está sempre de sentinela). E o meu preferido, que é o soldado Baudelaire ou soldado Flores do Mal, que é um ótimo nome para um soldado. Mas alguns livros são demasiado volumosos para serem aprendidos por uma só pessoa e, nesses casos, a resistência forma duplas, pelotões, batalhões. Há uma dupla muito conhecida, a dupla Tolstói: Guerra e Paz. Há um pelotão composto por sete soldados, que é o pelotão Em Busca do Tempo Perdido, ou pelotão Proust. E não posso deixar de pensar que hoje e aqui estamos, de algum modo, a criar o pelotão 30. Ou pelotão Shakespeare. E um dia, quando todos os sonetos de Shakespeare tiverem sido destruídos ou até mesmo apagados da Internet, este teatro pode contactar estas dez pessoas, reuni-las aqui e, ao menos, o soneto 30 estará salvo. Isto é, se os dois últimos bravos soldados aprenderem os seus versos de cor.

Mas basta em ti pensar, amigo, e então
Têm cura as perdas e as tristezas fim.

(*Os espectadores que estão no palco repetem os versos até os saberem de cor.*)

Mas basta em ti pensar, amigo, e então
Têm cura as perdas e as tristezas fim.

George Steiner. *Da Beleza e da Consolação*. Princípio de citação. Em Ezequiel, no Antigo Testamento, Deus dita um texto ao profeta e depois diz: quero que comas o manuscrito. Atenção! Em hebraico, "comer" significa comer. Não tem nada de metafórico. Mete-se na boca e come-se. Como um espião come a sua mensagem secreta. Pelo menos é o que nos dizem nos romances de espiões. Espantado, o profeta obedece. E o significado é que o texto se torna parte de nós. Torna-se completamente parte de nós. O grande escritor isabelino e rival de Shakespeare, Ben Johnson, utiliza a palavra "ingerir". Ingere-se. Come-se. Torna-se fibra da nossa fibra, coração do nosso coração. *Cor cordis sursum*. Ficará conosco para sempre. E subitamente, apercebemo-nos de que a casa do nosso interior tem móveis lindíssimos. A maior parte de nós não cria grande coisa. Portanto, ter a hipótese de encontrar na nossa casa a companhia dos espíritos dos mestres, os grandes espíritos (Milton chamava-lhe "o sangue vital dos espíritos dos mestres") significa que, quando entramos na casa do nosso interior, estamos a entrar numa casa muito bem recheada, muito bem decorada. Fim de citação.

Muito bem decorada, diz o George Steiner. Muito bem decorada. Seria uma grandiosa coincidência se Steiner soubesse que, em português, decorar é sinônimo de aprender de cor. E desde que eu comecei a trabalhar como ator, sempre preferi usar o termo "aprender de cor". Cor, forma arcaica da palavra "coração". Sempre me pareceu mais romântico, mais quixotesco. E o verbo "decorar" sempre me pareceu fútil ou juvenil. Fazia-me lembrar, precisamente, decoração de interiores. Mas, quando ouço o Steiner falar da decoração da casa do nosso interior, não sei, não sei... Bom, isto não é muito importante, nem sequer muito interessante. Mas queria aproveitar esta ocasião para anunciar hoje, aqui, ao mundo, que me reconciliei com o verbo "decorar".

Antes de terminarmos e de vos contar o fim da história da minha avó cozinheira, queria partilhar uma pequena surpresa com os bravos soldados que subiram ao palco esta noite para aprender o soneto 30. Eu sei que não era disto que estavam à espera quando entraram no teatro esta noite, mas gostava de vos oferecer a oportunidade de, todos juntos, esta noite e aqui neste palco, comermos Shakespeare. Vamos comer Shakespeare. Vamos comê-lo juntos. Pedi a uma confeitaria que imprimisse o soneto 30 em hóstias, para que pudéssemos comer Shakespeare. E tenho essas hóstias aqui comigo.

(*As hóstias com o soneto 30 impresso são distribuídas entre os dez espectadores no palco.*)

Não é uma experiência gastronômica fantástica. É só farinha, água e sal. Não têm um sabor espetacular, mas são comestíveis. A tinta é corante alimentar. São vegetarianas, dietéticas, mas atenção. Estas hóstias têm glúten. Porque o Shakespeare tem sempre glúten. Além disso, se tiverem dúvidas ou estiverem muito aflitos em relação a alguns dos versos que deveriam saber de cor, para dizerem daqui pouco, podem comer à volta dos versos problemáticos. E assim podem usar a hóstia como cola. Enquanto comem, vou ler-vos uma segunda carta que enviei ao George Steiner. Bom apetite.

Estimado professor Steiner. Lamento incomodá-lo uma vez mais. Desta vez, não tenho nenhum favor a pedir-lhe. Escrevo para lhe contar o final da história da minha avó cozinheira. Ofereci os *Sonetos* de Shakespeare a Cândida. Disse-lhe: é este o livro. Ela aceitou sem uma pergunta. Entregou-me os últimos livros que ainda tinha guardados em caixas de fruta debaixo da cama. Esvaziei o quarto de Cândida. Ficaram apenas os sonetos na mesinha de cabeceira. Sonetos para mobilar a casa do seu interior.
Depois de regressar da aldeia, fui falando telefonicamente com Cândida. Ao fim de uma semana, já tinha decorado sete sonetos. Um soneto por dia. Ao telefone, disse-me que eu tinha escolhido bem. Se fosse um romance, podia ficar cega antes de chegar ao fim da história. Depois estaria condenada a passar o resto da vida sem saber como acabava. O resto da vida com uma história incompleta na cabeça. Atormentada por não poder recordar o final. Além disso, os poemas são bonitos,

disse Cândida. De cada vez que os leio, encontro uma coisa nova. Os poemas não têm fim. Neste momento da minha vida, prefiro coisas sem fim. Pedi a Cândida que, na próxima visita, me declamasse um soneto. Ela respondeu que não valia a pena continuar a visitá-la. Estava a ficar cega. Se ia deixar de me poder ver, mais valia eu só telefonar. Sempre poupava na gasolina da viagem.
Continuei a telefonar-lhe nas semanas que se seguiram. Ia aprendendo os poemas com cada vez mais dificuldade. Era cada vez menor o tempo que podia passar a ler. Os olhos ardiam-lhe. E a memória também não ajudava. No passado dia 25 de abril, Cândida comemorou 94 anos. Resolvi fazer-lhe uma surpresa. Lembrei-me da história de Nadiéjda Mandelstam. Resolvi reunir dez pessoas para a visitarem. Para que ela nos ensinasse um soneto. Organizei tudo em segredo. O meu pai jornalista e outros familiares. Pessoas da aldeia. Dez pessoas.
Quando chegamos ao lar, disseram-me que estava no quarto. Entramos. Rodeamos a cama. Cândida olhou-nos. Os sonetos estavam sobre a mesinha de cabeceira. Uma luz muito velha entrava pela janela. Cândida ainda não estava cega. Podia ver-nos. Mas não nos reconheceu. Cândida não sabia quem eram as dez pessoas à sua frente. Não me reconheceu quando falei com ela. Perguntei-lhe. E os sonetos? Ainda te lembras de algum? E como a velha senhora de Ray Bradbury, a senhora da casa assaltada pelos bombeiros incendiários, Cândida tinha "os olhos vazios no vácuo, em frente à parede. A língua agitava-se-lhe na boca. E os olhos pareciam tentar lembrar-se de qualquer coisa. Depois lembrou-se. Os seus lábios moveram-se de novo e disse..."

(*Os dez espectadores recitam de cor o soneto.*)

Quando em meu mudo e doce pensamento
Chamo à lembrança as coisas que passaram,
Choro o que em vão busquei e me sustento
Gastando o tempo em penas que ficaram.
E afogo os olhos (pouco afins ao pranto)
Por amigos que a morte em treva esconde
E choro a dor de amar cerrada há tanto
E a visão que se foi e não responde.

E então me enlutam lutos já passados,
Me falam desventura e desventura,
Lamentos tristemente lamentados.
Pago o que já paguei e com usura.
Mas basta em ti pensar, amigo, e assim
Têm cura as perdas e as tristezas fim.

# Antonio e Cleópatra

## PRIMEIRA CANÇÃO

Antonio
Antonio e Cleópatra
Antonio e Cleópatra
Cleópatra e Antonio
Antonio
Cleópatra

Antonio está de pé
Cleópatra está de pé, ao lado de Antonio
Antonio afasta ligeiramente as pernas
Cleópatra entrelaça os dedos à frente do corpo
Antonio olha para a direita
Antonio cerra o punho
Cleópatra levanta o ombro esquerdo enquanto olha para a esquerda
Antonio vê uma árvore, ao longe
Cleópatra vê várias árvores, ao longe. Algumas de fruto e outras não
Antonio sente o vento na cara
Cleópatra vê uma mesa. Em cima da mesa uma taça de fruta. Ao lado da taça de fruta um jarro de vinho
Antonio olha para o vinho
Antonio umedece os lábios
Antonio sente o cheiro da fruta
Antonio inspira
Cleópatra inspira
Cleópatra morde o lábio inferior
Cleópatra vê um inseto passar à sua frente
Antonio vê o inseto
Cleópatra acompanha o inseto com o olhar
Antonio levanta a cabeça para o céu
Cleópatra levanta a cabeça para o céu
Antonio tapa o sol com a mão
Cleópatra não se incomoda com o sol
Antonio vê um pássaro

Cleópatra vê as nuvens
Antonio lê o futuro no voo do pássaro
Cleópatra lê o futuro na forma das nuvens
Antonio respira fundo
Cleópatra respira fundo
Antonio inspira
Cleópatra inspira
Antonio expira
Cleópatra expira
Antonio fecha os olhos
Cleópatra fecha os olhos
Antonio vê o futuro
Cleópatra vê o futuro
Antonio vê uma espada
Antonio vê a sua espada
Antonio vê a sua espada enterrada na barriga
Antonio vê a sua espada enterrada na sua barriga
Antonio vê a sua espada atravessando o seu corpo
Antonio vê sangue a pingar
Antonio vê sangue a pingar para o chão
Antonio vê sangue a pingar da sua barriga para o chão
Antonio vê como é vermelho esse sangue
Antonio vê-se cair de joelhos
Antonio vê os seus joelhos tocarem a areia quente
Antonio vê os seus joelhos tocarem a areia quente e molhada de sangue
Antonio vê uma corda
Antonio vê uma corda cair à sua frente
Antonio vê de onde veio a corda
Antonio vê a corda ao longo de uma torre
Antonio vê uma silhueta
Antonio vê uma silhueta no alto da torre
Antonio vê uma silhueta segurar a corda
Antonio vê a ponta da corda
Antonio vê a ponta da corda na areia
Antonio vê a ponta da corda na areia molhada de sangue
Antonio vê as suas mãos

Antonio vê as suas mãos molhadas de sangue
Antonio vê as suas mãos molhadas de sangue pegarem na corda
Antonio vê as suas mãos molhadas de sangue enrolarem a corda à volta do seu corpo
Antonio vê as suas mãos molhadas de sangue darem um nó junto ao umbigo
Antonio vê o nó
Antonio vê o nó de alça
Antonio vê que o nó está bem feito
Antonio vê que o nó está bem feito como o nó de um marinheiro
Antonio vê que o nó está molhado de sangue
Antonio vê a corda
Antonio vê a corda esticar
Antonio vê a corda ser puxada
Antonio vê o seu corpo ser puxado
Antonio vê o seu corpo ser puxado para o alto da torre
Antonio vê o seu corpo suspenso no ar
Antonio vê o seu corpo suspenso no ar e vê a espada que o atravessa
Antonio vê o sangue que pinga
Antonio vê o sangue que pinga do seu corpo suspenso no ar
Antonio vê as gotas de sangue caírem na areia
Antonio vê as gotas de sangue demorarem cada vez mais a cair na areia
Antonio vê o alto da torre
Antonio vê o seu corpo chegar ao alto da torre
Antonio vê um braço
Antonio vê uma mão
Antonio vê uma pulseira num pulso
Antonio vê uma pulseira em forma de serpente num pulso
Antonio vê o seu corpo a ser agarrado
Antonio vê o seu corpo a ser abraçado
Antonio vê o seu corpo a ser deitado
Antonio vê o seu corpo deitado atravessado pela sua espada
Cleópatra vê Antonio fechar os olhos
Antonio abre os olhos
Cleópatra abre os olhos
Antonio respira fundo

Cleópatra respira fundo
Antonio inspira
Cleópatra inspira
Antonio expira
Cleópatra expira
Antonio olha para Cleópatra
Cleópatra olha para Antonio
Antonio não tem a certeza se viram o mesmo futuro
Cleópatra sabe que viram o mesmo futuro molhado de sangue
Antonio pensa que não faz sentido prever o futuro
Cleópatra pensa que mais vale viver o presente
Antonio inspira
Cleópatra inspira
Antonio expira
Cleópatra expira
Antonio pensa que o futuro é menos urgente do que o presente
Cleópatra pensa que o futuro pode ser mudado
Antonio sorri
Cleópatra sorri ainda mais
Antonio sabe que têm de entrar no presente
Cleópatra volta-se para o presente
Antonio inspira
Cleópatra inspira
Antonio expira
Cleópatra expira
Antonio dá uma mão a Cleópatra
Cleópatra segura a mão de Antonio
Antonio dá um primeiro passo com o pé direito
Cleópatra dá um passo com o pé esquerdo
Antonio entra no presente
Cleópatra entra com ele
Antonio
Cleópatra
Antonio
Cleópatra
Antonio anda

Cleópatra anda
Antonio anda
Cleópatra anda
Antonio para
Cleópatra anda
Antonio anda
Cleópatra para
Antonio respira
Cleópatra respira
Antonio para
Cleópatra respira
Antonio respira
Cleópatra respira ao mesmo tempo que Antonio
Antonio respira ao mesmo tempo que Cleópatra
Cleópatra está no presente
Antonio está onde Cleópatra estiver
Cleópatra brinca com a pulseira
Antonio repara na pulseira em forma de serpente
Cleópatra para de brincar com a pulseira
Antonio olha rapidamente para os olhos de Cleópatra
Cleópatra olha demoradamente para os dentes de Antonio
Antonio sabe que no presente não há só Cleópatra
Cleópatra também sabe que o presente está cheio de outras pessoas
Antonio sabe que é visto mas não vê ninguém a não ser Cleópatra
Cleópatra sabe que é vista por Antonio e todos os outros
Antonio não vê Enobarbo
Antonio não vê Filo
Antonio não vê Alexas
Antonio não vê o eunuco Mardiano
Antonio não vê Iras
Antonio não vê Carmiana
Cleópatra vê toda a gente mas nunca tira os olhos de Antonio
Antonio diz **Cleópatra**
Cleópatra diz **Antonio**
Antonio diz **o Egito é a minha prisão**
Cleópatra diz **eu sou o Egito**

Antonio diz e eu amo a minha prisão
Cleópatra diz diz-me quanto me amas
Antonio diz não há números que cheguem
Cleópatra sorri
Antonio segura uma taça
Cleópatra sabe que o que dizem é ouvido por todos
Antonio já esqueceu que os outros existem no presente
Cleópatra diz em Roma acusam-te de amares demasiado o Egito
Antonio diz mais que demasiado
Cleópatra serve vinho na taça de Antonio
Antonio bebe
Cleópatra vê Antonio beber
Antonio bebe a taça até o fim
Cleópatra diz em Roma dizem que te deixas dominar por mim
Antonio diz já não há nada de mim que possa ser dominado
Cleópatra diz já não existes, então?
Antonio diz existo, mas todo em ti
Cleópatra diz vou impor uma fronteira ao teu amor por mim
Antonio diz precisarás de um novo céu, uma nova terra
Cleópatra diz farei novos mapas que nos dividam
Antonio diz desenha essas fronteiras com a forma do teu corpo

(*Silêncio.*)

Cleópatra ouve passos
Antonio repara que Cleópatra desvia o olhar
Cleópatra olha para a entrada
Antonio olha para onde Cleópatra está a olhar
Cleópatra volta o corpo para a entrada
Antonio ouve o respirar de Cleópatra
Cleópatra vê um mensageiro
Antonio vê as costas de Cleópatra
Cleópatra diz o mundo bate à porta
Antonio diz não percamos tempo com o mundo
Cleópatra diz ouve-o, pode ser Roma, pode ser guerra
Antonio olha para o mensageiro

Cleópatra afasta-se
Antonio coloca-se no caminho de Cleópatra
Cleópatra sorri
Antonio diz **não, nem mais um minuto vivo sem ser de prazer contigo**
Cleópatra sorri
Antonio sorri
Cleópatra murmura
Antonio ouve
Cleópatra diz **ouve o mensageiro, o mundo chama-te**
Antonio olha o mensageiro
Antonio hesita
Antonio volta a olhar para Cleópatra
Antonio repara num sinal no lóbulo da orelha de Cleópatra
Antonio diz **o mundo é estrume e os reinos são barro**
Cleópatra abana a cabeça
Antonio diz **a nobreza do mundo está nisto** e depois abraça Cleópatra
Cleópatra deixa-se abraçar
Antonio abraça Cleópatra
Cleópatra deixa-se abraçar
Antonio abraça Cleópatra
Cleópatra deixa-se abraçar
Antonio abraça Cleópatra
Cleópatra deixa-se abraçar
Antonio abraça Cleópatra
Cleópatra deixa-se abraçar
Antonio abraça Cleópatra
Cleópatra deixa-se abraçar
Antonio abraça Cleópatra
Cleópatra deixa-se abraçar
Antonio abraça Cleópatra
Cleópatra abraça Antonio
Antonio diz **mesmo sem terras para reinar, seríamos reis do invisível**
Cleópatra diz **o invisível será tudo o que teremos, se não soubermos reinar**

Antonio abraça Cleópatra
Cleópatra afasta Antonio
Antonio serve-se e bebe
Cleópatra diz **ouve as mensagens de Roma**
Antonio diz **mensagens, apenas tuas**
Cleópatra desiste
Cleópatra faz um sinal com a mão direita para que o mensageiro se retire
Cleópatra diz **talvez amanhã voltes a ti**
Antonio diz **e, entretanto, a que desporto nos dedicamos esta noite?**
Cleópatra olha Antonio, já esquecida de que viu o futuro
Antonio olha Cleópatra, já esquecido de que viveu o passado
Cleópatra inspira
Antonio inspira
Cleópatra expira
Antonio despe as suas roupas
Cleópatra despe as suas roupas
Antonio abre um caixote
Cleópatra retira roupas velhas de dentro do caixote
Antonio veste Cleópatra
Cleópatra veste Antonio
Antonio parece um escravo
Cleópatra parece uma rainha disfarçada de escrava
Antonio abre a porta
Cleópatra sai do palácio
Antonio fecha a porta
Cleópatra anda
Antonio anda
Cleópatra anda
Antonio anda
Cleópatra anda
Antonio anda
Cleópatra anda
Antonio anda
Cleópatra anda
Antonio anda

Cleópatra anda
Antonio anda
Cleópatra anda
Antonio anda
Cleópatra repara nos alexandrinos que também andam pelas ruas
Antonio insulta alexandrinos nas ruas
Cleópatra anda
Antonio anda
Cleópatra anda
Antonio anda
Cleópatra anda
Antonio anda
Cleópatra bebe
Antonio bebe
Cleópatra canta
Antonio bebe
Cleópatra corre ao longo da margem do Nilo
Antonio bebe
Cleópatra observa o luar
Antonio bebe
Cleópatra dança
Antonio dança com Cleópatra enquanto bebe
Cleópatra ordena a todos os escravos que dancem
Antonio dança entre os escravos
Cleópatra mergulha nas águas do Nilo
Antonio mergulha nas águas do Nilo
Cleópatra não tem medo dos crocodilos
Antonio não tem medo
Cleópatra imagina-se a lutar com um crocodilo
Antonio imagina-se a matar um crocodilo
Cleópatra chama Antonio de crocodilo
Antonio finge ser um crocodilo
Cleópatra luta com o crocodilo
Antonio perde a luta
Cleópatra sai da água
Antonio sai da água

Cleópatra seca os ombros
Antonio seca as pernas
Cleópatra seca os pés
Antonio seca o cabelo
Cleópatra seca o espaço entre os dedos dos pés
Antonio deita-se numa duna
Cleópatra deita-se ao lado de Antonio
Antonio
Cleópatra
Antonio
Cleópatra
Antonio
Cleópatra
Antonio adormece numa duna
Cleópatra ordena silêncio aos músicos
Antonio sonha com o voo de um pássaro
Cleópatra adormece com a cabeça no estômago inchado de Antonio
Antonio respira
Cleópatra respira
Antonio respira
Cleópatra respira
Antonio respira
Cleópatra tem um pesadelo com o rastejar de uma serpente
Antonio respira
Cleópatra respira
Antonio respira
Cleópatra respira
Antonio respira
Cleópatra respira

## SEGUNDA CANÇÃO

Cleópatra acorda
Cleópatra diz **Antonio**
Cleópatra espreguiça-se
Cleópatra diz **Antonio?**
Cleópatra olha à sua volta
Cleópatra diz **Antonio**
Cleópatra levanta-se
Cleópatra sacode a areia das roupas de escrava
Cleópatra corre
Cleópatra corre
Cleópatra corre
Cleópatra corre
Cleópatra corre
Cleópatra corre em direção ao palácio
Cleópatra corre, corre
Cleópatra corre, corre
Cleópatra corre, corre
Cleópatra transpira
Cleópatra entra no palácio
Cleópatra encontra Enobarbo
Cleópatra diz **onde está o teu senhor?**
Cleópatra ouve Enobarbo dizer que não sabe
Cleópatra despe as roupas de escrava
Cleópatra repara que Enobarbo olha o seu corpo
Cleópatra não se tapa
Cleópatra diz **onde está o teu senhor, Enobarbo?**
Cleópatra sacode a areia do cabelo
Cleópatra diz **onde está o teu senhor que é senhor de mim?**
Cleópatra ouve Enobarbo finalmente confessar que Antonio está a chegar
Cleópatra sente o cheiro de Antonio
Cleópatra diz **o que é que lhe ocupa a mente? é Roma que o ensombra? está triste? está feliz? se estiver triste diz-lhe que eu estou a dançar**

numa festa qualquer. se estiver feliz diz-lhe que eu estou melancólica, que adoeci de repente
Cleópatra olha Enobarbo
Cleópatra veste-se
Cleópatra passa uma perna e depois a outra para dentro do vestido
Cleópatra sente mais uma vez o cheiro de Antonio
Cleópatra passa um braço e depois o outro pelas alças do vestido
Cleópatra ouve os passos
Cleópatra ouve os passos de Antonio
Cleópatra olha Enobarbo
Cleópatra volta-se
Antonio entra no presente
Cleópatra sai do presente
Antonio sente o cheiro de Cleópatra
Antonio vê Enobarbo
Antonio diz **a minha senhora esteve aqui?**
Antonio não ouve nenhuma resposta de Enobarbo
Antonio diz **que me queres?**
Antonio ouve Enobarbo dizer **notícias de Roma**
Antonio tem a pergunta na cara
Antonio ouve Enobarbo dizer **más notícias**
Antonio diz **não temas. se disseres a verdade, mesmo que me tragas a morte, fico grato. se são notícias, já aconteceram. não posso fazer nada ao que já aconteceu**
Antonio ouve Enobarbo dizer **a tua mulher morreu**
Antonio senta-se
Antonio encosta-se na cadeira
Antonio vê um jarro de vinho
Antonio vê uma taça
Antonio serve-se de vinho
Antonio bebe
Antonio pensa: a minha mulher morreu
Antonio bebe
Antonio ouve Enobarbo dizer **Eufrates, Síria, Lídia, Jônia, Roma**
Antonio ouve Enobarbo dizer **em Roma insultam Antonio**
Antonio ouve Enobarbo dizer **Antonio é o brinquedo de Cleópatra**

Antonio decide partir, regressar a Roma, deixar o Egito, voltar ao trabalho
Antonio esvazia a taça
Antonio ouve passos
Antonio pousa a taça vazia
Antonio sente o cheiro de Cleópatra
Antonio levanta-se
Cleópatra entra no presente
Antonio vê Cleópatra entrar no presente
Cleópatra vê Antonio levantar-se
Cleópatra diz **vais partir?**
Antonio diz **Roma precisa de mim**
Cleópatra diz **vais partir?**
Antonio diz **e a minha mulher morreu**
Cleópatra diz **não acredito**
Antonio diz **morreu**
Cleópatra diz **e é assim que choras por ela?**
Antonio diz **morreu**
Cleópatra diz **são essas as lágrimas que irás derramar por mim quando eu morrer?**
Antonio não responde
Cleópatra diz **tu pensas em Roma e não em mim ou na tua mulher**
Antonio não responde
Cleópatra diz **mas o melhor para Roma não será ficares aqui no Egito, o celeiro de Roma, a mão que alimenta os insaciáveis romanos?**
Antonio diz **mas o melhor para o Egito não será ter-me em Roma a garantir a paz, para que não seja o Egito esvaziado da sua força em nome da guerra entre romanos?**
Cleópatra diz **o melhor para o Egito é ter Antonio perto**
Cleópatra brinca com a pulseira em forma de serpente
Antonio vê a mão de Cleópatra na serpente
Cleópatra brinca com a serpente
Antonio para perto de Cleópatra
Cleópatra brinca com a serpente
Antonio diz **não sou um brinquedo**
Cleópatra para de brincar com a serpente

Antonio segura o pulso de Cleópatra pondo a sua mão sobre a pulseira e apertando de tal modo que o desenho da serpente fica vincado na pele de Cleópatra
Antonio diz **a nossa separação tanto afasta como une. tu, ficando aqui, irás sempre comigo. eu, partindo, estarei sempre aqui contigo**
Cleópatra diz **não faças poemas sobre a tua partida. diz adeus, vai**
Cleópatra solta-se de Antonio, puxando o braço bruscamente para trás
Cleópatra vira as costas a Antonio
Antonio respira
Cleópatra respira
Antonio respira
Cleópatra inspira
Antonio expira
Cleópatra expira
Antonio inspira
Cleópatra diz **quando estávamos no mesmo presente, pedias para ficar. era o presente das palavras, não havia despedidas. nos meus lábios e nos meus olhos vias a eternidade. tudo em mim era divino nesse presente. sou ainda a mesma, mas sou do teu passado. vai, tu que és o maior soldado do mundo. vai, parte para esse futuro onde eu não estou**
Cleópatra serve-se de vinho
Cleópatra serve-se de vinho e bebe e repara que uma gota de vinho escorre pelo seu queixo e limpa essa gota de vinho com a mão direita
Antonio aproxima-se
Cleópatra sente o cheiro de Antonio e o cheiro do vinho que são muito parecidos
Antonio beija Cleópatra
Cleópatra beija Antonio
Antonio beija Cleópatra
Cleópatra beija Antonio
Antonio beija Cleópatra
Cleópatra beija Antonio
Antonio beija Cleópatra
Cleópatra beija Antonio
Antonio beija Cleópatra

Cleópatra fecha os olhos
Antonio afasta-se de Cleópatra
Antonio olha Enobarbo
Antonio pega no seu manto
Antonio passa o manto por cima das costas
Antonio prende o manto junto ao pescoço
Antonio pega na sua espada
Antonio embainha a espada
Antonio olha para Cleópatra que mantém os olhos fechados e as mãos assim, como se segurasse alguma coisa invisível
Antonio caminha para a porta
Antonio atravessa a ombreira da porta
Antonio sai do presente
Cleópatra abre os olhos
Cleópatra sente ainda o cheiro de Antonio
Cleópatra sente o cheiro a desaparecer
Cleópatra sente apenas o cheiro do vinho e percebe que afinal o cheiro de Antonio e o cheiro do vinho não são assim tão parecidos
Cleópatra pensa
Cleópatra pensa: Antonio
Cleópatra pensa: os erros de Antonio
Cleópatra pensa: os erros nele são estrelas. os erros de Antonio são incontáveis. mas os erros são o melhor de Antonio. os erros dele veem-se à noite. são a luz que ele lança sobre os outros. são o que ele não pode mudar. são o que ele não pode escolher. são o que Roma nunca poderá apagar. mesmo em Roma, Antonio será uma noite repleta de erros a brilhar
Cleópatra pensa: eu sou o erro mais luminoso de Antonio. e Antonio voltará a errar.

## TERCEIRA CANÇÃO

Antonio e César
Antonio e César, o jovem César
Antonio abraça o jovem César
Antonio pousa as mãos nos ombros do jovem César e olha-o nos olhos
Antonio indica a cadeira ao jovem César
Antonio vê o jovem César indicar-lhe a cadeira
Antonio indica a cadeira ao jovem César
Antonio vê o jovem César indicar-lhe a cadeira
Antonio indica a cadeira ao jovem César e sorri
Antonio vê o jovem César sentar-se e sorrir
Antonio pensa: este é que é o herdeiro do verdadeiro César?
Antonio recorda o seu amigo, o verdadeiro César
Antonio recorda Júlio César
Antonio recorda o cadáver de Júlio César
Antonio revive a dor de não ter salvo Júlio César
Antonio revive a dor de não ter sido Júlio César
Antonio repara novamente no sorriso do jovem César
Antonio não consegue ler o sorriso do jovem César
Antonio pensa: estou enferrujado, já só compreendo a política dos sorrisos de Cleópatra
Antonio pergunta-se como leria Cleópatra o sorriso do jovem César
Antonio olha para o jovem César com os olhos de Cleópatra
Antonio senta-se em frente ao jovem César e cruza as pernas com a mesma lentidão com que Cleópatra costuma fazê-lo
Antonio inclina um pouco a cabeça como Cleópatra e passa os dedos pelo pulso como o faria Cleópatra brincando com a sua pulseira em forma de serpente
Antonio compreende o sorriso do jovem César e a proposta de paz nesse sorriso
Antonio diz **sim, eu estou viúvo**
Antonio diz **sim, eu caso com a tua irmã**
Antonio diz **sim, eu amo Roma**
Antonio diz **sim, por amor a Roma amarei a tua irmã Otávia**

Antonio diz **deixei-me embriagar por Cleópatra, mas agora estou sóbrio. agora é a luz da manhã. volto a ser Antonio**
Antonio fecha os olhos e vê erros a brilhar no céu das pálpebras
Antonio sente o verão
Cleópatra sente o outono
Antonio sente o inverno
Cleópatra sente a primavera
Antonio sente outro verão
Cleópatra sente outro outono
Antonio sente outro inverno
Cleópatra sente outra primavera
Cleópatra abre os olhos
Cleópatra não vê Antonio
Cleópatra diz **música, quero música**
Cleópatra vê Iras e Carmiana saírem a correr e regressarem com os músicos
Cleópatra ouve os músicos afinarem os seus instrumentos
Cleópatra diz **não, não quero música**
Cleópatra vê os músicos levantarem-se e saírem
Cleópatra diz **afinal quero jogar bilhar**
Cleópatra vê o eunuco Mardiano oferecer-se para jogar
Cleópatra diz **não, o que quero é ir pescar**
Cleópatra vê o eunuco Mardiano oferecer-se para pescar
Cleópatra diz **quero apostar o número de peixes que irei pescar**
Cleópatra vê o eunuco Mardiano oferecer-se para apostar
Cleópatra diz **quero apostar com Antonio**
Cleópatra vai até a janela e observa o delta do Nilo
Cleópatra diz **já chegou, Antonio?**
Cleópatra diz **afinal também não quero ir pescar**
Cleópatra diz **quero regressar ao presente**
Cleópatra diz **quero política, quero poder**
Cleópatra diz **quero voltar a ser Cleópatra, quero voltar a ter Antonio**
Cleópatra diz **quero aquela noite. a noite em que vesti Antonio com as minhas roupas. a noite em que pintei os olhos de Antonio**
Cleópatra sente o outono nesta zona do pescoço
Cleópatra diz **a noite em que usei a espada de Antonio**

Cleópatra sente a primavera nesta zona do estômago
Cleópatra diz **quero a espada de Antonio, quero a espada de Antonio**
Cleópatra diz **quero Antonio, Antonio, Antonio, Antonio**
Cleópatra deita-se na sua cama
**Antonio, Antonio, Antonio, Antonio**
Cleópatra diz **saiam todos**
**Antonio, Antonio, Antonio, Antonio**
Cleópatra fecha os olhos
Antonio tem os olhos fechados
Cleópatra dá voltas na cama
Antonio dá voltas na cama
Cleópatra enrola-se nos lençóis
Antonio destapa-se
Cleópatra adormece
Antonio acorda
Antonio olha para Otávia ao seu lado
Antonio sente o cheiro de Otávia e não cheira a nada
Antonio pensa: como pode uma mulher não cheirar a nada?
Cleópatra sente o calor de Alexandria entrar pela janela aberta enquanto dorme
Antonio sente o sol frio de Roma tocar-lhe a cara e levanta-se da cama
Cleópatra sonha um sonho de abandono
Antonio olha o rosto de Otávia tocada pelo sol frio de Roma e pensa: esta é a face matinal do abandono
Antonio está numa ponta do presente, no limite do futuro
Cleópatra está na outra ponta do presente, no limite do passado

## QUARTA CANÇÃO

Cleópatra está nua. Cleópatra estende roupas de Antonio na cama. Roupas que Antonio deixou para trás. Cleópatra ouve o eunuco Mardiano entrar e dizer-lhe que chegou o mensageiro que tinha enviado a Roma. Cleópatra veste-se com roupas de Antonio e diz ao eunuco Mardiano para deixar entrar o mensageiro. Cleópatra senta-se sem cruzar as pernas, como um homem, como Antonio. Vê o mensageiro entrar e ordena-lhe que fale. Vê como treme o mensageiro. Como treme de medo. Cleópatra insiste. "Fala. São más notícias? Antonio está morto?". Cleópatra sente a costura da roupa de Antonio fazer-lhe comichão na zona dos quadris. Cleópatra coça-se. "Antonio está bem? Antonio está ferido? Não olhes para o chão. Antonio está preso? Não te ajoelhes. Fala. Diz-me que ele está bem e livre. Não. Diz-me que Antonio está a chegar. Que chega a Alexandria daqui a uma semana, talvez três dias se os ventos ajudarem". Cleópatra não percebe se o mensageiro se ajoelha por humildade ou se o faz porque as suas pernas não aguentam o cansaço da viagem. Ou o peso das más notícias. "Não tenhas medo. Mardiano, dá água a este homem. Não tenhas medo. Bebe". Cleópatra espera enquanto o mensageiro segura uma taça com a mão trêmula e bebe, espantado com o peso da taça feita de ouro maciço. "Se te afliges porque Antonio permanece em Roma, não te aflijas mais. Diz-me apenas que ele está bem e livre. Diz-me que ele está bem e terás ouro. Dou-te essa taça se me disseres que ele está bem". Cleópatra ouve o mensageiro dizer "Antonio está bem". Cleópatra respira. Sente a costura. Coça-se. Olha o mensageiro. "Então por que tremes? Por que tens tão má cara para anunciar tão boas novas?". Cleópatra tira a taça das mãos do mensageiro. "Antonio está em perigo? Está refém de César? Intrigam contra ele? Roma quer voltar a matar o melhor dos seus filhos?". Cleópatra ouve o mensageiro dizer "Antonio está bem e nunca foi tão amigo de César". Cleópatra respira. Devolve a taça ao mensageiro e ouve-o dizer "porém". "Porém? Porém? Não gosto de 'porém'. Vem deslustrar um início promissor. Fora com 'porém'. 'Porém' é como um carcereiro que vem exibir um medonho malfeitor." Cleópatra tira a taça das mãos do mensageiro. "Porém o quê?". E ouve-o responder "porém, casou". Cleópatra cambaleia. Senta-se. Coça-se. Contorce-se dentro das roupas de Antonio. "Mentes." Depois vê o mensageiro ajoelhar-se e dizer "não minto". Cleópatra lança a taça à cabeça do mensageiro, mas acerta-lhe no ombro, e ouve-o dizer com a sua voz trêmula: "Antonio casou com Otávia, juntou a sua casa à casa de César pela paz de Roma". "Pela paz de Roma? Mentes. Antonio é um soldado, não sabe fazer a paz. Mentes e por essa mentira hás de ser açoitado, cozido em salmoura e feito lentamente em escabeche." Cleópatra pontapeia o mensageiro. "Como está realmente Antonio? Se repetes que Antonio casou, casarás tu com a morte. Conta a verdade." Cleópatra ouve o mensageiro dizer "não sei que fazer, rainha". "Confessa que mentias e perdoo-te. Confessa que erraste e faço de ti um homem rico. Confessa que Antonio não casou e dou-te uma província." Cleópatra vê o mensageiro inclinar-se para o chão, a sua cara quase tocando o tapete. Cleópatra aproxima-se, ajoelha-se ao lado dele. Faz-lhe uma festa nos cabelos com a mão direita. "Então?" E ouve-o murmurar "casou". "Não digas isso." E ouve-o murmurar "não posso mentir à minha rainha". "Fala a verdade, então." E ouve-o murmurar "casou". "Então Antonio está casado?" E ouve-o murmurar "sim". "Casado com Otávia?" E ouve-o murmurar "sim". Cleópatra ajuda o mensageiro a levantar-se. Procura a taça e encontra-a caída no chão. Pega-lhe e coloca-a, com ternura, nas mãos do mensageiro. "Perdoa a minha ira de há pouco. Fui surpreendida. Conta a verdade. Não te vou odiar mais do que já odeio se repetires que 'sim'. É verdade que Antonio casou com Otávia?" E, ouve-o murmurar "sim". Cleópatra respira. Sente a costura da roupa de Antonio. Não se coça. Cleópatra diz "mata-o". Cleópatra vê o eunuco Mardiano sacar de um punhal e espetá-lo no pescoço do mensageiro, que solta apenas um gemido insignificante e cai, sem ruído, no tapete. Cleópatra despe as roupas de Antonio. Coloca-as em cima da cama. Vai até o eunuco Mardiano, tira-lhe o punhal da mão e regressa para junto da cama. E depois esfaqueia cada uma das roupas que Antonio tinha deixado para trás.

# QUINTA CANÇÃO

Antonio ocupado. Antonio ocupado. Antonio ocupado. Antonio ocupado a fazer política... Cleópatra.
Antonio ocupado. Antonio ocupado a fazer política. Antonio ocupado a alimentar a sua aliança com César e Lépido. Antonio ocupado... Cleópatra.
Antonio ocupado. Antonio ocupado a fazer política. Antonio ocupado a alimentar a sua aliança com César e Lépido. Antonio ocupado com a diplomacia junto de Sexto Pompeu, o filho revoltoso do grande Pompeu. Antonio em reuniões com clientes, compra amizades, vende carreiras. Antonio... A sombra de Cleópatra.
Antonio ocupado. Antonio ocupado a fazer política. Antonio ocupado a alimentar a sua aliança com César e Lépido. Antonio ocupado com a diplomacia junto de Sexto Pompeu, o filho revoltoso do grande Pompeu. Antonio em reuniões com clientes, compra amizades, vende carreiras. Antonio ocupado com triunfos. Antonio ocupado com Atenas. Antonio ocupado com o fim... A sombra de Cleópatra dança. Antonio e Cleópatra.
Antonio ocupado. Política. César e Lépido. Sexto Pompeu. Clientes. Compra, vende. Sim, Antonio ocupado com triunfos. Antonio ocupado com Atenas. Antonio ocupado com o fim. Antonio pressente a guerra civil. Antonio envia Otávia para impossíveis conversas de paz com o seu irmão César. A sombra de Cleópatra e a sombra de Antonio dançam. A sombra de Cleópatra dança em todo o lado. A sombra de Antonio dança com a sombra de Cleópatra.
Antonio ocupado com o fim do triunvirato. Antonio pressente a guerra civil. Antonio dança com a sombra de Cleópatra. Antonio envia Otávia para impossíveis conversas de paz com o seu irmão César. Antonio dança com a sombra de Cleópatra.
Antonio ocupado. Antonio sente que as palavras lhe escapam, que não consegue pô-las na ordem certa: política, intriga, guerra, Roma, César, Cleópatra. A sombra gigante de Cleópatra, enquanto o sol se põe. A sombra gigante e dançante de Cleópatra, enquanto o sol se põe. A

sombra gigante e dançante de Cleópatra. A sombra de Cleópatra. A sombra.
Antonio ocupado. Antonio sente que as palavras lhe escapam, que não consegue pô-las na ordem certa: política, intriga, guerra, Roma, César, césar, césar, política, intriga, Roma, Antonio pressente a guerra civil. A sombra de Antonio e Cleópatra.

(*Dançam.*)

## SEXTA CANÇÃO

Cleópatra
Antonio
Cleópatra respira
Antonio respira
Cleópatra respira
Antonio respira
Cleópatra inspira
Antonio inspira
Cleópatra expira
Antonio expira
Cleópatra sente o meu cheiro
Antonio abre as narinas
Cleópatra ouve os meus passos
Antonio entra no presente
Cleópatra estende a mão
Antonio entra no presente com Enobarbo
Cleópatra estende a mão rodeada de Carmiana, Iras, Alexas e o eunuco Mardiano
Antonio olha para a minha mão
Cleópatra estende a mão de rainha
Antonio repara que a minha mão não treme
Cleópatra inspira
Antonio inspira
Cleópatra expira
Antonio expira
Cleópatra tem uma daquelas coisas na cabeça
Antonio repara no meu cabelo
Cleópatra tem um daqueles penteados
Antonio ri-se
Cleópatra continua com a mão estendida
Antonio ri-se de mim?
Cleópatra continua com a mão estendida
Antonio tem os mesmos dentes

Cleópatra tem os mesmos dedos
Antonio tem os mesmos ombros
Cleópatra diz-me **bem-vindo, romano**
Antonio tem as mesmas sobrancelhas
Cleópatra tem os mesmos pulsos
Antonio diz-me **não vou ajoelhar-me**
Cleópatra tem a mesma pulseira em forma de serpente
Antonio tem a mesma espada
Cleópatra diz-me **todos os visitantes se ajoelham**
Cleópatra tem o mesmo sinal na orelha
Antonio tem os mesmos joelhos difíceis de dobrar
Cleópatra diz-me **todos os visitantes se ajoelham, sobretudo os que precisam de ajuda**
Cleópatra tem as mesmas omoplatas
Antonio diz-me **não me vires as costas**
E tu dizes **é bela?**
E tu dizes **quem?**
E tu dizes **conta a verdade. não te vou odiar mais do que já odeio se responderes que "sim". é bela?**
E tu dizes **Otávia?**
E tu dizes **é bela?**
E tu dizes **não**
E tu dizes **não?**
E tu dizes **não como tu**
E tu dizes **mais do que eu?**
E tu dizes **ninguém mais do que tu**
E tu dizes **é alta como eu?**
E tu dizes **não, é muito baixa, quase uma anã**
E tu dizes **e a sua voz é estridente ou grave?**
E tu dizes **grave e monótona, mas por vezes estridente e insuportável**
E tu dizes **como é o seu andar?**
E tu dizes **arrasta-se, andar ou estar parada é a mesma coisa**
E tu dizes **e o seu rosto é longo ou redondo?**
E tu dizes **demasiado redondo**
E tu dizes **ama-la?**
E tu dizes **não sei de quem falas**

E tu sorris
E tu sorris
E tu inspiras
E tu inspiras
E tu expiras
E tu expiras
E tu inspiras
E tu inspiras
E tu expiras
E tu expiras
E tu inspiras
E tu inspiras
E tu expiras
E tu expiras
E tu inspiras
E tu inspiras

## SÉTIMA CANÇÃO

S — Enobarbo
V — Enobarbo
S — Enobarbo
V — Enobarbo, o fiel amigo de Antonio
S — Enobarbo vê Antonio e Cleópatra. Enobarbo vê que Antonio e Cleópatra projetam apenas uma sombra quando caminham sob o sol. Enobarbo vê que Antonio e Cleópatra se preparam para a guerra
V — Enobarbo avisa Antonio de que as legiões de César estão próximas. Enobarbo ouve Cleópatra dizer que a sua frota está pronta para a batalha
S — Enobarbo aconselha Antonio a combater em terra
V — Enobarbo ouve Cleópatra dizer **mar**
S — Enobarbo ouve Antonio dizer **combateremos por mar**. Enobarbo vê os soldados aconselharem Antonio a combater em terra. Enobarbo ouve Antonio dizer **ainda que eles lutassem no fogo e no ar, também lá os combateríamos, mas hoje será no mar**
V — Enobarbo pensa:
S — derrota
V — Enobarbo pensa:
S — Antonio é já a ruína dos feitiços de Cleópatra
V — Enobarbo pensa:
S — quem me dera ser a ruína dos feitiços de Cleópatra
V — Enobarbo serve vinho na taça de Antonio
S — Enobarbo vê Antonio beber e dizer **faremos o vinho espreitar-lhes pelas cicatrizes**
V — Enobarbo pensa:
S — um gigante pode tombar sem perder grandeza
V — Enobarbo pensa:
S — não sou um gigante
V — Enobarbo pensa:
S — devo morrer ao lado da velha fera ou ir brincar com a cria de leão?

V — Enobarbo pensa:
S — começo a questionar a minha honestidade e ela não sabe responder às perguntas que lhe faço
V — Enobarbo ajuda Antonio a vestir a armadura
S — Enobarbo vê os sessenta navios egípcios
V — Enobarbo vê Antonio no navio da frente, Cleópatra naquele mais atrás
S — As cinquentas velas de César
V — Os sessenta navios egípcios
S — Dezenove legiões em terra
V — Dezenove legiões inúteis, comandadas por Camídio, assistindo à batalha que agora começa no mar
S — As cinquenta velas
V — Os sessenta navios egípcios
S — Cinquenta de César, navios leves e manobráveis
V — Sessenta de Antonio, navios egípcios, pesados e lentos
S — César controla a ala esquerda da sua frota e Agripa a ala direita
V — Antonio conta com Bocus, rei da Líbia; Arquelau da Capadócia; Filadelfo, rei da Paflagônia; o rei da Trácia, Adalas; o rei Malco, da Arábia; o rei do Ponto; Herodes da Judeia; Mitrídates, rei da Laônia; Polemom e Amintas, os reis da Média e da Licaônia. Cleópatra segue mais atrás, no seu navio

(*Música.*)

S — Começam a travar o combate, as naus de César esquivam-se, ágeis, aos esporões das de Antonio
V — A peleja parece um combate em terra, com as naus a lembrar muralhas
S — Três ou quatro naus de César cercam a primeira de Antonio
V — Os homens de Antonio defendem-se da abordagem com lanças e ferros incandescentes
S — Agripa fura o bloqueio da frota egípcia e desune a armada de Antonio
V — Os de Antonio lançam grandes armas de arremesso das catapultas das naus

Antonio e Cleópatra

S — A vitória é ainda um par de gêmeos que sorri a ambos os lados
V — Aquele afunda, aquele arde
S — Homens saltam de naus em chamas
V — Corpos queimados flutuam nas ondas
S — Gritos de súplica e gritos de guerra e gritos de despedida
V — Cleópatra
S — Antonio
V — A batalha está ainda indecisa, mas Cleópatra foge
S — Antonio
V — O navio de Cleópatra dá meia-volta
S — Antonio vê Cleópatra fugir
V — A retaguarda da frota egípcia dá meia-volta e acompanha Cleópatra
S — Antonio vê dezenas de naus egípcias abandonarem a batalha
V — Cleópatra aproveita o vento favorável e dirige-se ao Peloponeso
S — Antonio vê a sua sombra fugir
V — Cleópatra
S — César ataca. Agripa ataca
V — Cleópatra
S — Antonio decide fugir também
V — Homens no mar. Homens pedem ajuda
S — Antonio não ouve. Antonio não para. Antonio persegue Cleópatra. Antonio foge da batalha. Antonio foge da honra. Antonio foge da coragem. Antonio foge de si mesmo. Antonio persegue Cleópatra. Antonio é visto por todos. Antonio só vê o navio de Cleópatra
V — Cleópatra
S — Antonio
V — Cleópatra
S — Antonio
V — Enobarbo vê o navio de Antonio
S — Antonio
V — Enobarbo vê o navio de Cleópatra
S — Cleópatra
V — Enobarbo pensa:
S — já não és Antonio, o teu nome agora é outro

V — Enobarbo pensa:
S — não serei eu a segurar na espada com que te irás matar
V — Enobarbo pensa:
S — não serei eu a seguir a tua fortuna lacerada
V — Enobarbo pensa:
S — a lealdade dedicada a um covarde torna a honra em loucura
V — Enobarbo pensa:
S — teria gostado de ver Cleópatra uma última vez
V — Enobarbo pensa:
S — da próxima vez que Antonio chamar
V — **Enobarbo**
S — ouvirá os meus pensamentos dizerem-lhe
V — já não sou dos teus
S — Enobarbo escolhe a vida. Enobarbo rende-se a César
V — Dias mais tarde e já alojado nos acampamentos vitoriosos de César, Enobarbo recebe um cofre enviado por Antonio. Enobarbo lê a mensagem que vem com o cofre:
S — aqui está o teu tesouro, pela tua lealdade. aqui está o teu tesouro, meu amigo. espero que não voltes a ter razões para mudar de senhor. adeus, Enobarbo. Antonio
V — Enobarbo pensa:
S — o meu coração estoura
V — Enobarbo pensa:
S — vou procurar uma vala para morrer — quanto mais sórdida, mais própria para a cena final da minha vida
V — Enobarbo morre de culpa

## OITAVA CANÇÃO

S — Antonio
V — Cleópatra
S — Antonio
V — Cleópatra
S — Tu entras
V — Eu entro
S — Tu entras no presente
V — Eu entro no presente
S — Tu entras no presente e dizes **fugiste**
V — Fugiste
S — Fugi
V — Traíste-me
S — Não
V — Traíste-me
S — Não
V — Vendeste-me
S — Não
V — Sim
S — Tu entras no presente furioso
V — Abandonaste-me
S — Não
V — Abandonaste-me na batalha
S — Tu entras no presente furioso e de espada na mão
V — Abandonaste-me na batalha e eu segui-te
S — Sim. Tu seguiste-me
V — Eu segui-te e abandonei Antonio
S — Antonio
V — Eu já não sou Antonio
S — Antonio
V — Cleópatra
S — Tu entras no presente furioso e de espada na mão e dizes **eu sou uma nuvem**
V — Eu sou uma nuvem

S — Eu vejo o futuro nas nuvens
V — E consegues ver-me?
S — Sim
V — Consegues ver o meu futuro?
S — Sim
V — Eu sou uma nuvem com a forma de Antonio
S — Antonio
V — Uma nuvem com a forma de Antonio
S — Antonio
V — Vês o meu futuro nesta nuvem?
S — O futuro de Antonio
V — O que vês?
S — Não
V — Antonio sem futuro
S — Antonio
V — Quando olhamos as nuvens
S — Antonio
V — Quando olhamos as nuvens vemos formas aéreas
S — Antonio
V — Nuvens que parecem dragões
S — Antonio
V — Nuvens que parecem leões ou ursos
S — Antonio
V — Fortalezas torreadas
S — Antonio
V — Nuvens que parecem falésias, escarpas, montanhas fragosas
S — Antonio
V — Promontórios púrpura encimados por árvores que acenam ao mundo
S — Antonio
V — Já viste tais sinais?
S — Vi
V — Já viste tais sinais, entremezes do crepúsculo?
S — Vi
V — Já viste essas formas aéreas?
S — Vi

V — Essas formas aéreas que troçam dos nossos olhos?
S — Sim, vi
V — O que agora é um cavalo, no mesmo instante na nuvem se dissolve
S — Antonio
V — Perde os contornos como água dentro de água
S — Dá-me a tua espada
V — Eu sou um corpo assim
S — Dá-me a tua espada
V — Estou aqui e sou Antonio
S — Antonio
V — Mas evaporo lentamente
S — Antonio
V — Daqui a pouco só estará aqui a sombra de Antonio
S — Não
V — Sim. A sombra de Antonio
S — Não
V — Sim. Traíste o meu coração e o meu coração trazia em si outro milhão de corações
S — Dá-me a tua espada
V — Outro milhão de sombras
S — Dá-me a tua espada
V — A espada?
S — A espada
V — Consegues ver-me?
S — Sim. Dá-me a tua espada
V — Consegues ver a nuvem de Antonio?
S — Sim. Dá-me a tua espada
V — Consegues ver o futuro de Antonio na nuvem de Antonio?
S — Sim. Dá-me a tua espada
V — E vês a espada de Antonio no futuro de Antonio?
S — Dá-me a tua espada
V — Já tens a minha espada
S — Dá-me a tua espada
V — Não
S — A espada

V — Não
S — A espada
V — Não
S — A espada de Antonio
V — A espada de Antonio?
S — A espada de Antonio
V — A espada de Antonio
S — Eu quero a espada de Antonio
V — Não
S — Dá-me a espada de Antonio
V — Não
S — Eu fujo do presente
V — Vai. Foge outra vez
S — Eu fujo do presente com medo de ti
V — Vai. Entrega-te a César
S — Tranco-me na minha torre com Iras e Carmiana
V — Eu evaporo sozinho
S — Mando o eunuco Mardiano avisar-te que morri
V — Eu evaporo lentamente
S — Mando o eunuco Mardiano avisar-te que morri e que a minha última palavra foi Antonio
V — Eu evaporo sozinho e lentamente
S — O eunuco Mardiano junto de ti
V — O eunuco Mardiano junto de mim enquanto evaporo lentamente
S — O eunuco Mardiano junto de ti a dizer que morri
V — Cala-te, eunuco
S — O eunuco Mardiano a dizer que morri a dizer Antonio
V — Está morta?
S — O eunuco Mardiano a dizer que estou morta
V — Cleópatra está morta?
S — O eunuco Mardiano a mentir e a dizer que estou morta
V — Alguém
S — Não aparece ninguém
V — Dantes, quando chamava, apareciam reis
S — Não aparece ninguém
V — Alguém? Tu. Toma esta espada

S — O eunuco Mardiano pega na espada
V — Dou-te a liberdade se me deres a minha
S — O eunuco Mardiano mata-se com a tua espada
V — O eunuco tem mais coragem do que eu
S — O eunuco Mardiano cai no chão
V — Um eunuco ensina-me o que eu tenho de fazer
S — Tu tiras a espada do corpo do eunuco Mardiano
V — A espada de Antonio
S — Tu viras a espada contra o teu estômago
V — Vamos a isto
S — Evaporas lentamente
V — Inspiro, expiro
S — Inspiras
V — Inspiro
S — Expiras
V — Expiro
S — Tentas matar-te
V — Cleópatra
S — Mas continuas vivo
V — Como?
S — A espada atravessa o teu corpo mas continuas vivo
V — Não morro?
S — Aparecem soldados
V — Não morro?
S — Aparecem soldados junto de ti
V — Fiz mal o meu trabalho
S — Evaporas lentamente
V — Acabem comigo soldados
S — Os soldados dizem-te que eu não morri
V — Como?
S — Os soldados dizem-te que não morri e que te chamo para junto de mim
V — Cleópatra está viva?
S — Os soldados trazem-te para junto da torre
V — Cleópatra
S — Antonio

V — Inspiras
S — Inspiro
V — Expiras
S — Expiro
V — Evaporo lentamente
S — Evaporas lentamente
V — Ainda consegues ver-me?
S — Por que é que fingi que tinha morrido?
V — Por que é que fazemos tudo isto?
S — Não podes morrer aí embaixo
V — Não foi aqui que me vi morrer
S — Não foi aí que te vi morrer
V — Eu morro nos teus braços
S — Sim, nos meus braços
V — Desce
S — Não posso
V — Nos teus braços
S — Não posso sair
V — Deixa-me entrar
S — Barriquei-me por dentro
V — Evaporo cada vez mais depressa
S — Cada vez mais depressa
V — Mais depressa
S — Depressa
V — Evaporo
S — Uma corda
V — Depressa
S — Uma corda depressa
V — Evaporo depressa
S — Agarra esta corda
V — A espada
S — Esta corda
V — A espada na barriga
S — Agarra esta corda
V — O sangue
S — Agarra esta corda depressa

V — O sangue a pingar na areia
S — Agarra esta corda
V — A ponta da corda
S — A corda
V — A ponta da corda na areia
S — Agarra a corda
V — A ponta da corda na areia molhada de sangue
S — Agarra esta corda e prende-a a ti
V — A corda molhada de sangue
S — Prende a corda ao teu corpo molhado de sangue
V — As mãos na corda molhada de sangue
S — Prende a corda molhada de sangue
V — As mãos na corda molhada de sangue
S — Prende a corda
V — As mãos na corda
S — A corda
V — A corda
S — A corda
V — A corda
Acorda
Acorda
Corta
Corta
Tocar
Tocar
Ardo
Ardo
No ar
No ar
Não há
Não há
No alto
No alto
Tu no alto
Tu no alto
Estou no alto

Estou no alto
Extenuado
Extenuado
Extenuante
Extenuante
Tu no antes
Tu no antes
Tudo antes
Tudo antes
Estou doente
Estou doente
Aguenta
Aguenta
Então?
Então?
Então?
Sangue
Sangue
Sangue!
Sangue!
Sente
Sempre
Pressente
Serpente
Suspenso
Penso
Peso
Beijo
Vejo
Vais
Mais
Mas
Mãos
Mesmo
Gemer
Medo

Muito
Mundo
Muro
Murmuro
Meu amor
Meio morto
Meu morto
Eu mordo-te
Teu amor
Eu morto
Tambor
Tão bom
Também
Está bem
Beijo-te
Vejo-te
Desfecho
Depois
Puxa
Puxar
Charco
Charco de sangue
Charco
Arcos
Cruzar
Arco-íris
Cuidado
Cuidado
Cuidado
Com a idade
Coitado
Deitado
É tarde
Dá-me tempo
Cá por dentro
Vai perdendo

Vai apertando
Vai puxando
Vai fechando
Vai fugindo
Foi assim
Foi o fim
Foi o vinho
O vinho
Ouvi
Eu vi
Eu vi-te
Fui teu
Até o fim
Teu fim
Eu sinto
Teu sim
Sempre teu
Sangue teu
Sou teu
A tosse
Má tosse
Matou-se
Meu doce
Matou-se
Meu doce
Matou-se
Meu doce
Matou-se

## NONA CANÇÃO

S — Antonio
V — Cleópatra
S — Será bem-vindo tudo o que for estranho e terrível. O nosso desgosto, para se adequar à causa, terá de ser tão grande como o que o gerou. Sol, queima a grande esfera em que te moves; lança nas trevas este mundo de mudanças e marés
V — Morro, Egito. Morro e só peço à morte que me conceda um momento mais, para poder depor o último de muitos mil beijos em teus lábios
S — Morre quando tudo tiveres vivido. Reanima-te com beijos
V — Morro, Egito. Dá-me algum vinho e deixa-me falar um pouco. Não lamentes nem chores a penosa mudança deste meu fim. Antes deleita o pensamento com a memória da minha anterior fortuna, quando vivi como o maior senhor do mundo, o mais nobre; e agora não morro com baixeza, sou um romano por um romano bravamente vencido. O meu espírito...
S — Não. Inspiras, expiras
V — O meu espírito... Inspiro, expiro, inspiro, expiro
S — Não. Antonio
V — Antonio. O meu espírito...
S — Não. Antonio
V — Cleópatra?
S — Antonio
V — Cleópatra
S — Antonio
V — Cleópatra
S — Antonio diz **o meu espírito parte agora**
V — Cleópatra inspira
S — Antonio inspira
V — Cleópatra expira
S — Antonio expira
V — Cleópatra inspira
S — Antonio vê uma taça de vinho na mão de Cleópatra

V — Cleópatra derrama vinho na boca de Antonio
S — Antonio engole
V — Cleópatra limpa o vinho que cai pelo queixo de Antonio
S — Antonio engasga-se
V — Cleópatra endireita o tronco de Antonio
S — Antonio inspira
V — Cleópatra inspira
S — Antonio expira
V — Cleópatra expira
S — Antonio inspira
V — Cleópatra inspira
S — Antonio expira
V — Cleópatra expira
S — Antonio levanta a mão
V — Cleópatra olha para a mão trêmula de Antonio
S — Antonio vê sangue pingar da sua mão
V — Cleópatra vê sangue pingar no seu braço
S — Antonio pousa a mão no pulso de Cleópatra
V — Cleópatra sente a mão de Antonio
S — Antonio brinca com a pulseira em forma de serpente
V — Cleópatra sorri
S — Antonio diz **não posso mais**
V — Cleópatra respira
S — Antonio respira
V — Cleópatra respira
S — Antonio respira
V — Cleópatra respira
S — Antonio respira
V — Cleópatra respira
S — Antonio respira
V — Cleópatra respira, Cleópatra respira, Cleópatra respira, Cleópatra respira, Cleópatra respira, Cleópatra respira, Cleópatra respira, Cleópatra diz **tudo é ruína**, Cleópatra respira, Cleópatra respira, Cleópatra respira, Cleópatra respira, Cleópatra respira, Cleópatra respira, Cleópatra brinca com a serpente, Cleópatra respira, Cleópatra respira, Cleópatra respira, Cleópatra respira

Antonio e Cleópatra

# Sopro

CENA 1

PONTO
Trabalho em teatro desde 14 de fevereiro de 1978, mas esta é a primeira vez que estou no palco. Sempre trabalhei na sombra. Agora, que me podem ver pela primeira vez, certamente conseguem reparar como sou pálida. A minha pele não está habituada às luzes. O meu corpo, o meu rosto e o meu andar não são o corpo, o rosto e o andar de quem vive sob as luzes. A minha roupa negra é a roupa de quem quer ser confundida com a sombra. Visto-me para ser invisível na escuridão. Não sou feita para ser vista. Mas hoje estou no palco, sob as luzes, à vista de todos. Hoje corro o risco de perder a minha amada palidez.


CENA 2

PONTO
O diretor do meu teatro convidou-me a tomar um café. Eu chamo-lhe diretor do meu teatro porque ele pode ser o diretor, mas o teatro é meu. Fomos ao Ponto de Encontro, mesmo ao lado da porta de artistas. Sentamo-nos na esplanada. Ele num lugar ao sol. Eu num lugar à sombra. Pedimos os cafés. O diretor do meu teatro disse:

DIRETOR
Temos um problema.

PONTO
Eu respondi: pois temos. Ele disse:

DIRETOR
Vamos ter de parar os ensaios.

PONTO
Eu respondi: pois vamos. Ele disse:

DIRETOR
Vamos ter de cancelar a estreia.

PONTO
Eu perguntei: e não há nada que possamos fazer? Ele respondeu:

DIRETOR
Podemos fazer outro espetáculo.

PONTO
Eu perguntei: qual? Ele disse:

DIRETOR
Tive uma ideia.

PONTO
Eu respondi: ainda bem. Ele disse:

DIRETOR
Mas preciso da tua ajuda.

PONTO
Eu disse: sabes que o teatro pode contar sempre comigo. Ele disse:

DIRETOR
Quero que estejas no palco e que sejas a protagonista do espetáculo.

PONTO
E eu respondi: nem pensar. Ele disse:

DIRETOR
Deixa-me explicar.

PONTO
Eu disse: explica.


CENA 3


DIRETOR
Viver na fronteira. Viver no lugar de passagem. Viver entre os bastidores e o palco. Viver na ponte que liga a margem da realidade à margem da ficção. Saber mergulhar no leito do rio que corre entre essas duas margens. Saber nadar na corrente de palavras que separa o mundo e o palco. Esperar, vigiar, escutar. Ser o salva-vidas, para quem um dia bom é um dia em que não teve de trabalhar, não teve de molhar o corpo nas águas do rio. Aguardar pelo acidente, o erro que nos relembra que o teatro faz parte do mundo. E quando o ator, na angústia do esquecimento, no tropeção inesperado da memória, está prestes a afogar-se na realidade, quando o ator se relembra de que é mortal, que não é a personagem perfeita, mas um corpo emprestado e falho, então, saber salvá-lo com palavras, soprar-lhe ao ouvido, reanimá-lo, insuflá-lo de texto, devolver-lhe o pensamento, o sentido e o gesto. E hoje, porque a realidade nos afoga, porque a vida inundou as margens da ficção, é disto que temos de falar, é isto que temos de mostrar: o momento em que o salva-vidas mergulha nas águas do rio. O ponto, tu, não um ator a fazer de ponto, mas um verdadeiro ponto, tu, no palco, a dares o texto aos atores, a salvá-los. Escrever a história do acidente, a história do salva-vidas durante o acidente. Vou escrever uma peça para ti.

PONTO
O diretor do meu teatro parou de falar e depois terminou de beber o café. Eu perguntei: era isso que querias explicar? E ele disse:

DIRETOR
Pensei em mais coisas, mas a ideia geral é esta. O que é que achas?

PONTO
E eu respondi: em teoria, isso é tudo muito bonito, mas na prática, nem pensar. E ele disse:

DIRETOR
Aceitas outro café?


CENA 4


PONTO
A rotação do planeta não se compadece com ideias para espetáculos e a prova disso é que o sol já batia no meu lugar na esplanada. Aceitei continuar a conversa, desde que pudéssemos sentar-nos à sombra.

DIRETOR
É a história de uma ponto que vive num teatro em ruínas. Ela passa os dias naquele antigo teatro vazio, como se fosse a memória ou o coração ou os pulmões do teatro.

PONTO
Epá, um teatro em ruínas é muito deprimente. Não pode estar só fechado?

DIRETOR
Eu tinha pensado numa cenografia de inspiração romântica, com a natureza a invadir as ruínas, trepadeiras e buganvílias selvagens, raízes a sair das paredes desmoronadas, árvores que cresceram no meio dum cenário abandonado, um espaço que nos desse a noção da passagem do tempo e da solidão da ponto que é a única habitante daquele lugar.

PONTO
Epá, não podem ser só umas ervinhas a crescer entre as quarteladas do

palco? Umas ervas fáceis de limpar, para o caso de o teatro reabrir. O teatro podia estar só fechado há uns anos. Ou uns meses. Podia estar fechado provisoriamente. Só para haver alguma esperança.

DIRETOR
Mas isso não dá um cenário tão bonito como as ruínas.

PONTO
Mas custa-me muito imaginar este teatro em ruínas. Não é só por ter trabalhado aqui a vida toda. É que este também é o primeiro teatro em que alguma vez entrei.

DIRETOR
Mas não é este teatro. É um teatro imaginário.

PONTO
Não, desculpa. É este teatro. As ruínas seriam imaginárias, mas o teatro é este. Imaginá-lo fechado, ainda vá lá... Mas em ruínas? É muito triste.

DIRETOR
Talvez tenhas razão, talvez seja melhor a ideia do teatro fechado há pouco tempo. Também não íamos ter orçamento para fazer a cenografia das ruínas. Podemos usar o chão antigo do palco. Quando fizemos as obras, foi para o armazém. O chão antigo é uma boa ideia.

# CENA 5

PONTO
Tinha cinco anos. A minha tia trabalhava cá, na bilheteira. Eu estava sempre a dizer que queria vir com ela. Um dia trouxe-me. Viemos comer um bolo ao Ponto de Encontro e depois entramos pela porta de artistas.

Lembro-me de descermos o corredor da plateia vazia de mãos dadas. Ouvia-se o público a falar no foyer. A plateia ia encher-se daí a pouco. Estava uma atriz no palco. Tinha um vestido verde. Era a atriz das fotografias e das histórias que a minha tia contava. Era a diretora do teatro. Nós paramos e ficamos em silêncio, para não a incomodar. Ela andava de um lado para o outro do palco, como os leopardos no jardim zoológico. "Um leão não pode amansar um leopardo." Ricardo II, primeira cena do primeiro ato. A diretora deu-se conta da nossa presença e fez sinal à minha tia. Descemos até a primeira fila da plateia. A minha tia tinha-me avisado que só podia ver o espetáculo se a diretora deixasse. Era uma peça para adultos. Em vez de falar com a minha tia, a diretora falou comigo:

DIRETORA
Gostas de teatro?

PONTO
Eu murmurei: sim, muito. A diretora perguntou:

DIRETORA
E quantas peças já viste?

PONTO
E eu murmurei: nunca vi nenhuma. E a diretora disse:

DIRETORA
Mas se nunca viste nenhuma peça, como é que sabes que gostas?

PONTO
E eu murmurei: porque gosto das coisas que nunca vi. A diretora ficou a olhar para mim muito séria. Pensei que não tinha dado a resposta certa e a minha tia já estava a levar-me para a bilheteira com ela, quando vieram dizer-nos que a diretora autorizava que eu visse a peça desde que ficasse escondida na caixa do ponto, para o público não me ver.

## CENA 6

PONTO

Vi a minha primeira peça de teatro aos cinco anos escondida na caixa do ponto. Na ponta dos pés, para conseguir ver os atores. Com as pontinhas dos dedos a tocar o palco. Assim. Com muito cuidado. Como se tivesse medo de me queimar. E a certa altura, um ator teve um branco. E o ponto soprou: "a destruição irá dar-lhes caça aos calcanhares". E quando o ponto soprou, aquela frase não queria dizer nada. "A destruição irá dar-lhes caça aos calcanhares." Nem era uma frase, só uma série de sons colados uns aos outros. Era uma longa palavra sussurrada. "A destruição irá dar-lhes caça aos calcanhares." Mas quando falou o ator que fazia o Rei Henrique, "a destruição irá dar-lhes caça aos calcanhares", aquela frase já queria dizer alguma coisa, "a destruição irá dar-lhes caça aos calcanhares". Quando isso aconteceu, as pontinhas dos meus dedos sentiram o palco a escaldar.


## CENA 7

Love me, love me, say you do
Let me fly away with you
For my love is like the wind
And wild is the wind

Give more than one caress
Satisfy this hungriness
Let the wind blow through your heart
For wild is the wind

You touch me
I hear the sound of mandolins
You kiss me

With your kiss my life begins
You're spring to me
All things to me

Don't you know you're life itself
Like a leaf clings to a tree
Oh, my darling, cling to me
For we're creatures of the wind
And wild is the wind
So wild is the wind
Wild is the wind


## CENA 8

PONTO
O diretor do meu teatro fez uma lista de adjetivos, como se não conseguisse decidir qual era o melhor para empregar nesta situação.

DIRETOR
É incrível. É genial. É teatral. É espantoso. Não percebes? Já temos o início da peça. Tu, que foste ponto a vida toda, a contares ao público que a primeira vez que viste um espetáculo foi na caixa do ponto. É extraordinário. É brutal. É...

PONTO
Epá, já estivemos a falar melhor. Pode ser isso tudo, mas não gosto muito da ideia de contar a minha vida no palco. Eu sou da sombra. Estás a ver a minha pele? Não gosto de me mostrar. Nunca quis mostrar-me. Estive sempre ali escondida. Na margem. Ou ali. Na outra margem. Ou ali, à boca de cena, quando havia caixas do ponto. Agora já não se encontram teatros com caixas do ponto. Nem pontos. Somos uma espécie em vias de extinção. E quando desaparecermos, talvez ninguém se dê conta. Como aqueles animais fugidios que se escon-

dem no meio das florestas ou em grutas no alto das montanhas. São tão difíceis de ver que, quando finalmente desaparecem, ninguém tem a certeza absoluta de que se extinguiram. É preciso esperar alguns anos sem qualquer avistamento para se poder dizer que aquele urso ou aquela pantera se extinguiu. Far-se-ão várias expedições à procura dos últimos pontos e só então se poderá dizer que deixaram de existir. Mas ficará ainda uma secreta esperança, uma réstia de dúvida. Talvez um dia alguém volte a avistar um ponto, uma sombra que se move na escuridão, as ondas de um sussurro que atravessam o éter do palco.

CENA 9

PONTO
Quando eu deixar de trabalhar, talvez nenhum espectador se dê conta. Seria o maior elogio. A minha glória é ninguém saber que existo. Sou a única pessoa do teatro para quem receber cumprimentos do público é um fracasso. Era a estreia do nosso *Dinis e Isabel*, do António Patrício, 5 de outubro de 1984, uma sexta-feira, Isabel já morta no princípio do quinto ato, deitada na cama, era a diretora que fazia o papel de Isabel, a cama ali, na direita baixa, a luz de frente a vinte por cento porque a cena era na alvorada, depois da noite em que todos velavam a rainha morta, havia um tapete de pétalas no chão, todos os dias entretinha-me durante uma hora com o contrarregra a arrancar as pétalas para a récita dessa noite, todos os dias comprávamos flores novas, e o Dinis a passear sobre o tapete de pétalas, inquieto, e o Bobo aos pés da cama, ajoelhado, ao lado dele uma aia que rezava baixinho, e o Dinis parava à esquerda baixa e dirigia-se ao Bobo:

DINIS
Tu vês? Ela está morta e ainda agora pensei: "Não abro a janela. Quem sabe se o orvalho lhe faz mal".

PONTO
E o Bobo respondia:

BOBO
Toda a câmara cisma como tu.

PONTO
O Bobo levantava-se.

BOBO
Olha as coisas à roda. Vê: repara.

PONTO
E o Dinis, olhando em torno, dizia:

DINIS
Estão em vigília. Escutam-na. São as aias que a morta maravilha.

PONTO
O Dinis era lindo, tinha um nariz grego lindo, eu distingo os atores pelos narizes porque estou sempre a olhar para eles de perfil, os narizes e as orelhas, o público conhece-os de frente, mas eu conheço-os de lado ou de costas, conheço-lhes os ombros, o pescoço, a nuca, os cotovelos, as nádegas; há atores que representam com todas as partes do corpo, mesmo aquelas que o público não vê e só eu consigo ver, há nádegas tremendamente teatrais, mas o Dinis tinha aquele nariz e aqueles cotovelos, e agora ele apontava para os vitrais, o cotovelo dele era magnífico, depois envelheceu muito mal, ficou com uns cotovelos horríveis, mas na época eram lindos e ali estava ele, em 1984, a apontar para os vitrais que eram mesmo de vidro, não eram de acrílico como se faz agora, mandamos fazer vitrais na Itália para o cenário do espetáculo, ele apontava para o fundo do palco, onde estavam os vitrais, e dizia:

DINIS
Até os anjos do vitral... São outros anjos. Nunca tiveram este olhar. Estão esvaídos...

PONTO
Depois virava-se para uma arca de cerejeira que o carpinteiro do teatro tinha demorado três meses a construir e dizia:

DINIS
Já tem saudades das mãos dela. E cala-as... É uma irmã pra mim. É minha amiga.

PONTO
E o Bobo encostava-se à arca e olhava Isabel deitada na cama:

BOBO
Foi há horas só, há não sei quantas, e é como se fosse sempre assim... Um instante na morte ganha cãs.

PONTO
E esta talvez fosse a frase mais bonita da peça, um instante na morte ganha cãs, há sempre frases que ficam das peças, e nesta altura o Dinis devia fazer uma pausa e pensar, ele faz a pausa e pensa, mas a pausa nunca mais acaba, parece-me que aquilo é pensamento a mais e lanço-lhe o início da fala: "Só a morte é real...", mas ele nada, e o Bobo encostado à arca sem saber o que fazer, e aqueles segundos que parecem horas, dias, meses, anos de silêncio a passar, o tempo a passar tão rapidamente e ao mesmo tempo a sensação de que estamos acorrentados ao presente e o Dinis nada, uma estátua, mas eu penso que talvez seja intencional, uma pausa dramática, porque nas estreias é habitual os atores esticarem um bocado as pausas, sobretudo os atores mais sentimentais e o Dinis era um ator do sentimento, tinha um nariz sentimental, mas a diretora deitada na cama a fazer a Isabel morta exala um suspiro de impaciência e eu sopro de novo, "Só a morte é real, e quando a vemos..." e o Dinis nada e só então é que me lembro de uma vez ele ter dito que era surdo de um ouvido e ponho-me a pensar que,

virado para a arca, talvez o ouvido lindo que está do meu lado seja o ouvido surdo, e ainda penso ir dar a volta ao cenário para lhe ir dizer o texto ao outro lado do palco, mas teria de passar por trás dos vitrais que estão ao fundo, o que significava que o público veria uma sombra, um vulto a correr por trás do vidro, e eles a afogarem-se no palco e então não tenho outra hipótese senão falar mais alto e digo, "Só a morte é real, e quando a vemos, tudo recua em corredores de sonho...", ouve-se a minha voz até a última fila da plateia, e finalmente o Dinis estremece e diz:

DINIS
Só a morte é real, e quando a vemos...

PONTO
"Tudo recua em corredores de sonho...", já se deve ouvir a minha voz no terceiro balcão, e o Dinis, como se estivesse a pensar precisamente o que diz:

DINIS
Tudo recua em corredores de sonho...

PONTO
E depois a cena continua sem percalços, entra o bispo etc. etc. e cortina. Nessa época, quando havia estreias, faziam-se grandes banquetes no salão nobre. Não é como agora que se abrem duas garrafas nos bastidores e já está. Nessa noite, quando eu chego ao beberete da estreia há um crítico dum jornal que começa a aplaudir, na altura havia críticos nos jornais, ele aplaude a minha chegada à frente de toda a companhia e dos convidados e diz: "Parabéns à ponto, que esteve magnífica no início do quinto ato! Que voz! Que dicção!".

## CENA 10

PONTO

"Percebes que não quero ser vista nem ouvida pelo público? Percebes que sofro como sofrem os atores, talvez até mais, que não é o medo de que não me amem a mim, mas sim o medo de que não os amem a eles e que isso redobra o meu sofrimento porque me sinto responsável pelo sofrimento deles? Percebes que o único consolo do meu sofrimento é a certeza de que é um sofrimento invisível? Percebes que a única parte de mim que pertence ao palco é a pontinha dos dedos?" Era isto que eu pensava, mas que disse ao diretor do meu teatro por outras palavras.

## CENA 11

VERCHÍNIN
Ladrões! Ladrões!

PONTO
Na última cena do quarto ato, Harpagão entra em casa, vindo do quintal, gritando.

VERCHÍNIN
Querem me matar! Matam-me! Justiça, Deus do céu! Estou perdido! Assassinaram-me! Cortaram-me o pescoço! Roubaram-me o dinheiro! Quem seria? Para onde foi? Onde está? Onde se escondeu? Como poderei encontrá-lo?

PONTO
Era o Verchínin que fazia o Harpagão. De toda a companhia, o Verchínin era o ator mais difícil de pontar.

VERCHÍNIN

Roubaram-me o dinheiro! Estou perdido! Estou perdido! Assassinaram-me!

PONTO

Estava permanentemente a trocar o texto.

VERCHÍNIN

Quem seria? Para onde foi? Onde está? Alguém aqui o viu? Alguém?

PONTO

Não interessava se era Molière ou um desconhecido, o Verchínin assassinava qualquer autor que lhe atravessasse o caminho.

VERCHÍNIN

Que será de mim sem o meu dinheiro? Fui roubado! Já vos tinha dito que me roubaram? Roubado, sim!

PONTO

Não tinha vergonha nenhuma em assumir que não sabia o texto.

VERCHÍNIN

Acho que nesta fase já toda a gente percebeu que fui roubado. Agora precisava era que a ponto me soprasse o resto do texto!

PONTO

"Aonde ir?"

VERCHÍNIN

Aonde ir?

PONTO

O Verchínin também estava sempre a trocar as marcações. Vai à esquerda baixa.

VERCHÍNIN
E o texto?

PONTO
"Aonde ir?"

VERCHÍNIN
Aonde ir? À esquerda baixa. Já cá estou. Preciso é do texto.

PONTO
É o texto! "Aonde ir? Aonde? Aonde? Ele não está aí?"

VERCHÍNIN
Ah!... É o texto... Já podia ter dito! Aonde ir? Aonde? Aonde? Ele não está aí? Não está aqui? Quem é? Alto!

(*Verchínin agarra-se a si próprio pelo braço.*)

PONTO
O outro braço.

(*Verchínin repete o movimento agarrando o outro braço.*)

VERCHÍNIN
Dá-me cá o meu dinheiro, canalha... Ah! Sou eu! Estou transtornado; nem sei onde estou... Também não sei o texto que vem a seguir.

PONTO
E o público ria sempre. Tanto quando ele acertava, como quando se enganava. Perdoavam-lhe tudo. Toda a gente perdoava tudo ao Verchínin. Eu chamo-lhe Verchínin porque ele era filho de latifundiários...

VERCHÍNIN
Eu chamo-lhe Verchínin porque ele era filho de latifundiários...

PONTO

Mas era a ovelha negra da família.

VERCHÍNIN

Mas era a ovelha negra da família. Tinha-se metido no teatro para irritar o pai e nunca chegou a acabar o curso de engenheiro agrônomo. Espatifava o dinheiro todo em jogo e mariscadas. Era visitante habitual dos camarins das coristas. E também andava metido na política, assembleias, panfletos, até já tinha ido parar à prisão duas ou três vezes, mas o pai safava-o sempre. A seguir à revolução, a família dele perdeu as terras e fugiu para o Brasil com as malas cheias de dinheiro. Ele ficou por cá, acreditava no futuro, mas a verdade é que tinha algumas saudades do passado, quando vivia como fidalgo e lhe sobrava o dinheiro. E era por isso que ficava aborrecido quando tinha de fazer um Tchekhov, porque no Tchekhov a coisa acaba sempre com alguém a perder as terras e isso deixava-o melancólico.

PONTO

E é por causa disso que eu o chamo Verchínin. E também porque, quando conto histórias de atores, nunca digo os nomes verdadeiros. Uso sempre os nomes de personagens que fizeram. É uma questão de ética.

VERCHÍNIN

Ai! Meu pobre dinheiro!

PONTO

O Verchínin era o amor da vida da minha diretora. A ela, chamo-lhe minha diretora porque ela não era só diretora do meu teatro, também era minha diretora.

VERCHÍNIN

Meu pobre dinheiro, meu amigo querido! Privaram-me de ti! Perdendo-te, perdi todo o meu amparo, toda a minha consolação, toda a minha alegria!

PONTO

Mas este Molière foi muito antes de fazermos *As três irmãs*. Quando fizemos *O avarento*, a minha diretora ainda tinha joias. Ao longo dos anos, foi-se desfazendo delas. Punha as joias no prego quando o dinheiro da bilheteira não chegava para pagar os salários, ou quando tinha de pagar as dívidas do Verchínin. "Para mim, já tudo findou, já nada tenho que fazer no mundo."

VERCHÍNIN

Para mim, já tudo findou, já nada tenho que fazer no mundo. Viver sem ti, não me é possível!

PONTO

Quando o carpinteiro do teatro cortou metade do dedo mindinho a fazer o cenário da *Antígona*, a minha diretora foi ter com ele e ofereceu-lhe um anel para usar no dedo cortado. O carpinteiro disse: "Pensava que o provérbio era 'vão-se os anéis, ficam os dedos'".

VERCHÍNIN

Vão-se os anéis, ficam os dedos. Acabou-se, não posso mais. Morro. Morro...

PONTO

"Estou morto."

VERCHÍNIN

Estou morto. Morto...

PONTO

Eu gosto de pensar que a minha diretora ofereceu o anel ao carpinteiro por bondade, mas há quem diga que foi porque o teatro não tinha seguro de acidentes de trabalho e assim ele não fazia queixa à inspeção. Seja como for, desde a *Antígona*, o carpinteiro do teatro andava sempre com aquele anel na metade do dedo mindinho que lhe tinha sobrado.

VERCHÍNIN
Continuo morto...

PONTO
"Estou enterrado."

VERCHÍNIN
É lógico. Estou morto. Estou enterrado.

PONTO
"Não haverá"...

VERCHÍNIN
Ah, pois! Não haverá uma alma que me queira ressuscitar dando-me o meu dinheiro ou dizendo-me quem mo roubou?

PONTO
Vai à janela.

VERCHÍNIN
Hein? Que diz?

PONTO
Vai à janela.

VERCHÍNIN
Enganei-me: não é ninguém.

PONTO
Como ele nunca ia às marcações, obrigava-me a correr de um lado para o outro atrás do cenário. "Não pode deixar de ser"...

VERCHÍNIN
Não pode deixar de ser...

PONTO

E quando estamos a pontar, temos de ler a fala que se segue àquela que o ator está a dizer. Quando ele diz...

VERCHÍNIN

Não pode deixar de ser...

PONTO

Já eu estou a ler "aquele que me roubou deve ter estado à espreita da ocasião".

VERCHÍNIN

Não pode deixar de ser: aquele que me roubou deve ter estado à espreita da ocasião.

PONTO

E quando ele diz...

VERCHÍNIN

Aquele que me roubou deve ter estado à espreita da ocasião.

PONTO

Já eu estou a ler "escolheu precisamente o momento em que eu estava falando com o marmanjo do meu filho".

VERCHÍNIN

Não pode deixar de ser: aquele que me roubou deve ter estado à espreita da ocasião; escolheu precisamente o momento em que eu estava falando com o marmanjo do meu filho.

PONTO

Estar concentrada nisto e correr de um lado para o outro era impossível. Mas eu sabia que havia uma marcação que ele nunca falhava, ele tinha de ir à porta. "Vamos."

VERCHÍNIN

Vamos. Vou chamar a justiça e pôr toda a casa a tratos: criadas, criados, filho, filha, até eu. Quanta gente! Não olho para ninguém que não me seja suspeito. Não há um só que não me pareça ser o meu ladrão.

PONTO

Então, eu punha-me atrás da porta.

VERCHÍNIN

Hein? De que estão aí a falar? Daquele que me roubou?

PONTO

O Verchínin sabia que eu estava sempre atrás da porta.

VERCHÍNIN

Que barulho é esse lá em cima? Está lá o meu ladrão?

PONTO

E, um dia, o Verchínin abre a porta. Só de contar isto, é como se estivesse lá outra vez. Aqui estou eu. À vista de todos. A porta aberta. O público a ver-me. Eu tenho o texto na mão. Tento esconder-me atrás do texto.

VERCHÍNIN

Pelo amor de Deus, se sabem alguma coisa do meu ladrão, digam-mo, por caridade.

PONTO

Pela primeira vez na minha vida, estou no palco. Dura mais ou menos um minuto. Parece uma vida inteira.

VERCHÍNIN

Não estará ele escondido aí no meio de todos? Põem-se a olhar para mim e riem-se. Querem ver que também tomaram parte no roubo.

PONTO

O Verchínin ri. Eu rio. Ele não se lembra do texto. O público olha para mim. E eu sopro: "Vamos, depressa, comissários, policiais, prebostes, juízes, torturas, forcas e carrascos".

VERCHÍNIN

Vamos, depressa, comissários, policiais, prebostes, juízes, torturas, forcas e carrascos.

PONTO

"Quero mandar enforcar toda a gente"...

VERCHÍNIN

Isso... E, se não encontrar o meu dinheiro, enforco-me também por fim.

PONTO

Depois, o Verchínin fecha a porta. Fim do quarto ato. E fim da minha carreira de atriz. Um minuto. Mas isto foi muitos anos antes de fazermos *As três irmãs*. Muito antes de o Verchínin ter abandonado a minha diretora. Muito antes de ele ter ido para o Brasil para nunca mais voltar.

CENA 12

PONTO

Percebes, agora? Eu prefiro a porta fechada. O meu lugar é atrás ou de lado. No meio das cordas, dos fios elétricos, dos panos. Eu sou uma peça da máquina. Não me posso deixar levar pela ilusão. Tenho de manter a máquina a funcionar. Só penso na máquina. Quando ando na rua e ouço alguém gritar insultos, penso logo que a dicção poderia ser melhor. Quando ouço um comboio a passar, penso que o efeito sonoro poderia ter entrado mais cedo. Quando o dia está enevoado, queixo-me do desenho de luzes. Quando vejo um casal num banco de jardim, quero sentar-me ao lado deles e soprar-lhes palavras melhores para aquela cena de amor. Eu vejo o mundo como vejo o teatro. Atrás ou de lado. Do meu lugar na máquina. É assim que eu vejo o mundo. É assim que eu vejo o teatro. É assim que eu vejo os atores. Por isso é que não vou ver espetáculos. Quando me sento na plateia, acho sempre que estou no lugar errado. Da plateia, não posso ajudar. Visto da plateia, o mundo não me interessa.

CENA 13

VERCHÍNIN (*olhando para o relógio*)
Vamos partir de imediato, Olga Serguêievna. Está na hora. Os meus mais sinceros desejos... Onde está Maria Serguêievna?

IRINA
Anda aí pelo jardim... Vou procurá-la.

VERCHÍNIN
Faça-me esse favor. Estou com pressa. Tudo tem um fim. Vamos separar-nos.

(*Olha para o relógio.*)

A cidade ofereceu-nos uma espécie de almoço de despedida, bebemos champanhe, o presidente da Câmara fez um discurso; eu comi, ouvi, mas o meu coração estava aqui, convosco...

(*Abarca o jardim com os olhos.*)

Habituei-me à vossa companhia.

OLGA
Algum dia nos voltaremos a ver?

VERCHÍNIN
Com certeza que não. A minha mulher e as crianças ainda vão ficar mais dois meses. Peço-lhe, se lhes acontecer alguma coisa, ou se precisarem de...

OLGA
Sim, sim, com certeza. Fique descansado. Amanhã já não haverá na cidade um único militar, não passará tudo de recordação, e para nós vai começar, evidentemente, uma vida nova...

(*Longa pausa.*)

PONTO
"Nada se passa"...

OLGA
Nada se passa como gostaríamos. Eu não queria o cargo de diretora, e no entanto aconteceu. Quer isto dizer que não iremos para Moscou...

VERCHÍNIN
Pois muito bem... Obrigado por tudo... E desculpe-me se alguma coisa não... Eu falei muito, falei demais, com certeza — desculpe-me também por isso, não fique com má lembrança de mim.

OLGA (*limpando os olhos*)
Aquela Macha não aparece por quê?

VERCHÍNIN
Que mais lhe posso dizer na hora da despedida? Filosofar sobre o quê? A vida é dura. Para muitos de nós, a vida é surda, sem esperança, e, no entanto, há que admiti-lo, ela não para de ficar mais clara, mais leve, e é provável que não venha longe o tempo em que ela será completamente luminosa.

(*Olha para o relógio.*)

Está na hora, está na hora! Dantes a humanidade passava o tempo em guerras, toda a sua existência era preenchida pelas campanhas, pelas invasões, pelas vitórias, mas agora tudo isso está ultrapassado, só ficou um imenso vazio impossível de preencher até o momento; a humanidade procura apaixonadamente preencher esse vazio, e com certeza que vai consegui-lo. Ah, oxalá seja para breve! Está a ver, será preciso juntar ao amor pelo trabalho a instrução, e à instrução o amor pelo trabalho.

(*Olha para o relógio.*)

Para mim já são horas...

(*Chega Macha.*)

OLGA
Pronto, já chegou.

VERCHÍNIN
Vim fazer as minhas despedidas.

(*Olga afasta-se para não os incomodar nas despedidas.*)

MACHA
Adeus...

(*Beijo prolongado.*)

OLGA
Vamos, chega...

(*Macha soluça.*)

VERCHÍNIN
Escreve-me... Não te esqueças! Deixa-me ir embora... são horas... Olga Serguêievna, cuide bem dela, eu tenho... de ir... estou atrasado...

(*Perturbado, beija as mãos de Olga, abraça mais uma vez Macha e vai-se rapidamente.*)

OLGA
Pronto, Macha! Deixa, minha querida...

(*Entra Kuliguin.*)

KULIGUIN
Não faz mal, deixa-a chorar, deixa... Minha querida, minha boa Macha... És minha mulher, e eu estou feliz, apesar de tudo... Não me queixo, não te faço a mínima recriminação... Está aqui a Ólia de testemunha... Vamos continuar a viver como dantes, nem uma palavra, nem uma alusão...

# CENA 14

DIRETORA
Queria falar contigo.

PONTO
Diga.

DIRETORA
Senta-te.

PONTO
Estávamos a fazer um Tchekhov à noite e a ensaiar um Racine à tarde.

A diretora pediu-me que fosse ao camarim dela, antes do espetáculo. Quando cheguei, vi-a deitada na *chaise longue*.

DIRETORA
Aquele branco que eu tive na outra noite.

PONTO
Acontece a todos. Posso vir mais cedo nos próximos dias e passamos essa cena. É só dizer.

DIRETORA
Nunca me tinha acontecido.

PONTO
É verdade. Foi a primeira vez que a vi esquecer-se do texto.

DIRETORA
E já trabalhamos juntas há algum tempo, não é?

PONTO
Sim. Há algum tempo.

DIRETORA
Eu não me esqueci. No espetáculo... Não foi um branco. Eu sabia perfeitamente o que vinha a seguir. "Nada se passa como gostaríamos. Eu não queria o cargo de diretora, e no entanto aconteceu. Quer isto dizer que não iremos para Moscou..." Era o que vinha a seguir. Queres café?

PONTO
Pode ser, obrigada.

DIRETORA
Foi falta de ar. Não conseguia respirar.

PONTO

Mas está tudo bem?

DIRETORA

Não. Fui ao médico. Expliquei-lhe o que tinha acontecido. Estava à espera que ele me auscultasse e dissesse que era normal, cansaço, um mal-estar passageiro... Mas ele disse que havia uma anomalia. É nos pulmões. Mandou-me fazer exame e mais uma série de torturas. E eles...

PONTO

O que é?

DIRETORA

Não sei. Ainda não se sabe ao certo, tenho de fazer mais exames, mas eles encontraram qualquer coisa. Uma coisa... É grave. É daquelas coisas graves.

PONTO

Mas ainda não têm a certeza.

DIRETORA

Tenho de fazer mais exames. Disseram que era urgente. Acho que ainda estão a decidir quais são as más notícias que me vão dar.

PONTO

Precisa de companhia? Quando vai?

DIRETORA

Não sei. Ainda não os marquei.

PONTO

Mas são urgentes.

DIRETORA

Mas estamos com a peça à noite e os ensaios durante o dia. E o teatro precisa de atenção. As contas, os contratos... Há sempre fogos para apagar.

PONTO
Mas os exames são urgentes. Esse é que é o fogo que tem para apagar. Desmarcamos os ensaios. É uma questão de saúde. Toda a gente vai compreender.

DIRETORA
Esta conversa não sai daqui.

PONTO
As nossas conversas nunca saem deste camarim. Lembro-me perfeitamente do que me disse quando comecei a trabalhar: a discrição do ponto deve ser proporcional à indiscrição dos atores.

(*Riem.*)

DIRETORA
Eu sei. É só que... Tu sabes que estes corredores do teatro fazem mais eco do que os corredores normais. As pessoas falam e eu não quero rumores. As pessoas não têm limites. Vêm perguntar. Querem saber. Falam das doenças delas, das pernas, das mamas, dos intestinos. E eu não quero falar disto. Não quero... Só contigo. Além disso, o que é que lhes diria?

PONTO
Não tem de entrar em pormenores. Diz que foi encontrada uma anomalia.

DIRETORA
Anomalia? Se me dissessem isso, pensava logo o pior.

PONTO
A ideia de fazer os exames é deixar de pensar o pior.

DIRETORA
Se calhar, é melhor ficar na dúvida.

PONTO
Não me leve a mal, mas não posso aceitar que...

DIRETORA
"Nada se passa como gostaríamos. Eu não queria o cargo de diretora, e no entanto aconteceu. Quer isto dizer que não iremos para Moscou..." Anda. Tens de ir. Vou vestir-me para o espetáculo. Nem bebeste o teu café.


CENA 15


PONTO
Foi o carpinteiro do teatro que fez o caixão. Não podíamos deixar que fosse enterrada numa daquelas caixas sem graça nenhuma das agências funerárias. Depois do enterro, trouxemos um monte de flores para o camarim dela. Eram flores a mais para deixar no cemitério. Iam acabar no lixo e o pessoal do teatro achou mal. Então trouxemos as flores para o camarim. E eu só pensava nas horas que tinha passado a arrancar pétalas das flores para o cenário do *Dinis e Isabel*, com a diretora deitada na cama, Isabel morta. O camarim ficou cheio de flores durante semanas. Depois, uma noite, alguém o limpou. Os objetos pessoais da diretora que estavam no camarim foram para o museu do teatro. E, aos poucos, começaram a usar outra vez o camarim. Agora, é um camarim como os outros. Acho que já nem sequer tem lá a *chaise longue*. Eu não sei. Nunca mais lá entrei. Às vezes passo pelo corredor e cheira-me a flores. Mas nunca mais lá entrei.

# CENA 16

CORIFEU
Eis Ismênia diante do palácio, irmã querida, em lágrimas banhada; sobre a fronte uma nuvem lhe escurece o rosto em fogo e molha a linda face.

CREONTE (*para Ismênia*)
E tu, que andavas a envenenar-me sem eu o saber, tal como uma víbora que se insinuasse na minha casa, sem que eu me apercebesse de que estava a alimentar duas maldições para arruinarem o meu trono... Anda, fala! Confessas que também participaste no caso da sepultura, ou vais jurar que nada sabes?

ISMÊNIA
Se ela mo consente... eu também colaborei nesse ato. Aceito essa responsabilidade; tomo-a sobre os meus ombros.

ANTÍGONA
Porém não to permitirá a justiça, pois nada fizeste, nem aceitei a tua ajuda.

PONTO
Não é possível contar-te todas as histórias. São muitos anos, muitas pessoas, muitas peças. Tudo se confunde, os nomes dos atores e os nomes das personagens. A atriz a que chamo Ismênia recebeu a notícia da morte do irmão mais novo mesmo antes de entrar no palco. E essa foi a única noite em que não chorou em nenhuma das cenas em que costumava chorar.

ISMÊNIA
Mas eu não me envergonho de navegar contigo neste mar de calamidades.

ANTÍGONA
De quem é essa obra, são testemunhas Hades e os que estão debaixo da terra. E eu não prezo quem me ama só em palavras.

ISMÊNIA
Não me impeças, irmã, de morrer contigo e de prestar os ritos ao que morreu.

ANTÍGONA
Não queiras partilhar a minha morte nem faças teu aquilo em que não tocaste. Para morrer, basto eu.

PONTO
Não te posso contar todas as histórias porque já nem sei distinguir as histórias dos bastidores das histórias das peças.

ISMÊNIA
E que me importa a vida, se tu me deixares?

ANTÍGONA
Pergunta-o a Creonte, já que com ele te preocupas.

ISMÊNIA
Por que me feres assim? De que te serve isso?

PONTO
O Dinis, quando se casou, não tinha dinheiro nenhum. Então ele e a noiva usaram figurinos da *Fedra*. Foi um casamento de época. Só faltou o padre dar a missa em versos alexandrinos.

ANTÍGONA
Se rio de ti, é com dor que o faço.

ISMÊNIA
E agora, ao menos, em que posso ajudar-te?

ANTÍGONA
Salva-te a ti mesma; não te invejo.

PONTO
A senhora da limpeza que estava apaixonada pelo ator que fazia o papel de Romeu e aprendeu todas as falas dele na peça... Entrávamos no teatro de manhã e ouvíamos a senhora da limpeza dizer: "Pecados meus? Oh, quero-os de volta. Devolve-mos...".

ISMÊNIA
Desgraçada de mim, então ser-me-á negado o teu destino?

ANTÍGONA
Tu escolheste viver, e eu, morrer.

ISMÊNIA
Mas não sem que eu te dissesse o que pensava.

ANTÍGONA
Para uns és tu que pensas bem; para outros, sou eu.

ISMÊNIA
Então o nosso erro é equivalente.

ANTÍGONA
Está tranquila: a ti toca-te viver, ao passo que a minha vida acabou há muito, desde que escolhi ajudar os mortos.

PONTO
No teatro, respiramos todos o mesmo ar.

CREONTE
Destas duas crianças, digo-vos que uma acaba de enlouquecer e a outra é louca de nascença.

PONTO

As portas e as janelas do teatro estão fechadas. Respiramos o mesmo ar há séculos.

ISMÊNIA

É que a razão, senhor, ainda que em alguns dê os seus frutos, abandona os escolhidos pela desgraça.

PONTO

Os atores, os técnicos, as personagens. Respiramos o mesmo ar.

CREONTE

Abandonou-te a ti, quando escolheste o mal, juntando-te aos maus.

PONTO

O ar que entra nos pulmões de Creonte é o mesmo que há vinte anos saiu dos pulmões de outro Creonte.

ISMÊNIA

Como posso eu viver sozinha, sem ela?

CREONTE

Não digas "ela". "Ela" já não existe.

PONTO

Talvez seja por isso que voltamos às mesmas histórias.

ISMÊNIA

Então tu vais matar a noiva do teu próprio filho?

PONTO

Respiramos o mesmo ar. Contamos as mesmas histórias.

CREONTE

Há outros campos para lavrar, de outras mulheres.

PONTO
Cada um respira à sua maneira, mas o ar é o mesmo.

ISMÊNIA
Mas não com a harmonia em que ele e ela se encontravam.

PONTO
E eu vou tentando respirar como eles respiram.

CREONTE
Não quero mulheres perversas para os meus filhos.

PONTO
Acompanho a respiração de cada ator.

ANTÍGONA
Querido Hêmon, como o teu pai te injuria!

PONTO
Cada um respira à sua maneira e eu respiro como eles.

CREONTE
Como me aborreces, tu e as tuas núpcias!

CORIFEU
Então, pensas privar teu filho de Antígona?

PONTO
Mas é sempre o mesmo ar.

CREONTE
É Hades que põe fim a este noivado.

PONTO
Sempre o mesmo ar contaminado de histórias.

CORIFEU
Então, está decidido que ela morra?

CREONTE
Por ti e por mim. E sem mais demora. Levem-nas para dentro, escravos. Convém que estas mulheres fiquem bem presas, pois até os mais corajosos tentam fugir, se a morte lhes ameaça a vida.

CORIFEU
Feliz quem passa a vida sem provar a desgraça. Pois, quando um deus inunda de males a casa de um mortal, a cegueira não para, vai até a extinção da raça. É como quando ventos contrários e enfurecidos, soprando da Trácia, fazem alterar-se as ondas do profundo mar; e dos abismos erguem, a redemoinhar, a negra areia, e ruidosamente gemem, batendo e desfazendo-se de encontro aos rochedos da praia.


CENA 17


VERCHÍNIN
As notícias não são boas, mas há razões para manter a esperança.

DIRETORA
E quais são as razões?

VERCHÍNIN
Bom... Em primeiro lugar, vamos avançar o mais depressa que pudermos.

DIRETORA
"Avançar"? Como?

VERCHÍNIN

Vamos ter de fazer uma cirurgia com o máximo de urgência. Os exames e os sintomas levam-nos a crer que a nossa melhor hipótese é operar.

DIRETORA

Quando?

VERCHÍNIN

Assim que possível. Há mais alguns exames a fazer. Uma semana, talvez.

DIRETORA

E a recuperação? É demorada?

VERCHÍNIN

Pode ser dolorosa, sim. Tentaremos que não.

DIRETORA

Mas é demorada?

VERCHÍNIN

A convalescença depende muito de como correr a cirurgia. Até pode ser curta. Dois ou três dias. Quatro dias, talvez. Se tudo correr bem e percebermos que o problema maior está resolvido, pode ser bastante rápida. Claro que depois haverá sempre tratamentos. Mas, por agora, o essencial é a cirurgia. Há que ter a certeza de que não fica nada que possa depois... Percebe? Temos de ser radicais durante a cirurgia. Queremos ter a certeza de que não ficam células que possam espalhar-se pela linfa. Só saberemos realmente o que temos pela frente quando estivermos a operar.

DIRETORA

Mas acha que vai correr bem?

(*Pausa.*)

VERCHÍNIN
Pode correr tudo bem.

DIRETORA
E se correr mal?

VERCHÍNIN
Se percebermos que a cirurgia é insuficiente para resolver o problema, isso significa que terá de ficar internada mais tempo. Vamos ter de optar por tratamentos mais prolongados.

DIRETORA
Mais prolongados...

VERCHÍNIN
Mas, como lhe digo, só quando analisarmos a peça operatória é que vamos saber com certeza. O meu receio maior são os seus sintomas. A falta de ar. As náuseas.

DIRETORA
Eu tenho uma estreia marcada.

VERCHÍNIN
Uma estreia? De uma peça? Não me parece boa ideia continuar a trabalhar.

DIRETORA
Já estava marcada. Acha que consigo estrear? Já tanta gente trabalhou para isto. E vai correr bem. É daquelas em que já sabemos que vai correr bem. Quer dizer... É uma história triste. Acaba mal. Mas vai correr bem. Era mesmo importante conseguir estrear esta peça.

VERCHÍNIN
Quando é a estreia?

DIRETORA
Daqui a três semanas. Está convidado. Guardo dois lugares?

VERCHÍNIN
Gostava de aceitar o convite, mas acho que nenhum de nós devia ir a essa estreia. Temos que fazer a operação antes.

DIRETORA
Não podemos marcar a operação para o verão?

VERCHÍNIN
Desaconselho vivamente qualquer atraso na operação.

DIRETORA
Se adiar para o verão, quais seriam as minhas hipóteses?

VERCHÍNIN
Seriam menores do que as que tem agora.

DIRETORA
E agora? Tenho muitas hipóteses?

VERCHÍNIN
No verão, terá menos.

(*Pausa.*)

DIRETORA
Podes repetir esta última frase, mas só um pouco menos honesto.

VERCHÍNIN
Menos honesto?

DIRETORA
Menos convicto, talvez.

VERCHÍNIN
Dás-me a deixa?

(*Pausa.*)

DIRETORA
E agora? Tenho muitas hipóteses?

VERCHÍNIN
No verão, terá menos.

DIRETORA
Ainda não é bem isso.

VERCHÍNIN
Eu senti-me bem a dizer.

DIRETORA
Podes tentar dizer "no verão, terá menos" como quem diz "seja como for, não se safa".

VERCHÍNIN
Isso não faz sentido.

DIRETORA
Verchínin, meu querido, é importante. Por favor, faz como eu te peço. A frase vem com um sorriso. "No verão, terá menos." Aquele sorriso das freiras, aquele ar de compaixão que as pessoas usam quando já não há nada a fazer, o sorriso impotente, o sorriso triste. "No verão, terá menos." Aquele sorriso meio enigmático do Tirésias no início da tragédia, a avisar-nos de que vai correr tudo mal. Podes fazer como eu peço? Podes tentar?

VERCHÍNIN
Mas queres triste ou enigmático ou impotente? Tens de ser mais clara.

DIRETORA
Vamos experimentando. Quando fizeres bem, eu digo-te.

VERCHÍNIN
Mas não faz sentido.

DIRETORA
Por favor...

VERCHÍNIN
Dramaturgicamente, não faz sentido. Por que o sorriso no final da cena?

DIRETORA
Ele está sempre a sorrir.

VERCHÍNIN
Não pode estar a cena toda a sorrir.

DIRETORA
Tu não estavas lá. Ele sorriu do princípio ao fim da consulta.

VERCHÍNIN
Mas estou aqui, agora, a fazer o papel dele. E não faz sentido o médico sorrir o tempo todo. Ele vai sorrir quando diz "vamos ter de fazer uma cirurgia com o máximo de urgência, os exames e os sintomas levam-nos a crer que a nossa melhor hipótese é operar"? Não pode sorrir a dizer isto.

DIRETORA
Podes só experimentar? Por favor, querido.

VERCHÍNIN
"No verão, terá menos."

DIRETORA
Podemos começar mais de trás?

VERCHÍNIN
De onde?

DIRETORA
Pegamos de "E se correr mal?". Mas fala mais baixo, mais pausas, mais sorrisos.

VERCHÍNIN
"E se correr mal" és tu que dizes, não é?

DIRETORA
Sim. E naquela frase em que ele diz "Temos *que* fazer a operação antes", podes dizer "Temos *de* fazer a operação antes"? Ele devia ter dito "temos de" e não "temos que". Irrita-me.

VERCHÍNIN
Mas o médico não disse "temos *que*"? Mesmo que seja um erro, acho que é melhor dizer exatamente o que ele disse.

DIRETORA
Tudo bem. Como quiseres...

VERCHÍNIN
Se estamos a ser rigorosos...

DIRETORA
Começamos?

(*Pausa.*)

E se correr mal?

VERCHÍNIN

Se percebermos que a cirurgia é insuficiente para resolver o problema, isso significa que terá de ficar internada mais tempo. Vamos ter de optar por tratamentos mais prolongados.

DIRETORA

Mais prolongados...

VERCHÍNIN

Mas, como lhe digo, só quando analisarmos a peça operatória é que vamos saber com certeza. O meu receio maior são os seus sintomas. A falta de ar. As náuseas.

DIRETORA

Eu tenho uma estreia marcada.

VERCHÍNIN

Uma estreia? De uma peça? Não me parece boa ideia continuar a trabalhar.

DIRETORA

Já estava marcada. Acha que consigo estrear? Já tanta gente trabalhou para isto. E vai correr bem. É daquelas em que já sabemos que vai correr bem. Quer dizer... É uma história triste. Acaba mal. Mas vai correr bem. Era mesmo importante conseguir estrear esta peça.

VERCHÍNIN

Quando é a estreia?

DIRETORA

Daqui a três semanas. Está convidado. Guardo dois lugares?

VERCHÍNIN

Gostava de aceitar o convite, mas acho que nenhum de nós devia ir a essa estreia. Temos *que* fazer a operação antes.

DIRETORA
Temos *de*... Não podemos marcar a operação para o verão?

VERCHÍNIN
Desaconselho vivamente qualquer atraso na operação.

DIRETORA
Se adiar para o verão, quais seriam as minhas hipóteses?

VERCHÍNIN
Seriam menores do que as que tem agora.

DIRETORA
E agora? Tenho muitas hipóteses?

VERCHÍNIN
No verão, terá menos.

(*Pausa.*)

DIRETORA
Compreendes? Compreendes o que eu estava a tentar explicar-te?

VERCHÍNIN
Podemos só fazer o final outra vez?

(*Pausa.*)

DIRETORA
Não podemos marcar a operação para o verão?

VERCHÍNIN
Desaconselho vivamente qualquer atraso na operação.

DIRETORA
Se adiar para o verão, quais seriam as minhas hipóteses?

VERCHÍNIN
Seriam menores do que as que tem agora.

DIRETORA
E agora? Tenho muitas hipóteses?

VERCHÍNIN
No verão, terá menos.

(*Pausa.*)

DIRETORA
É o que eu estava a pensar, não é? Sentiste o mesmo que eu.

VERCHÍNIN
E foi mesmo assim que ele disse?

DIRETORA
Mesmo assim.

VERCHÍNIN
Querida...

DIRETORA
Eu só queria ter a certeza.

VERCHÍNIN
Mas acho mesmo que não devias adiar a operação.

DIRETORA
E eu acho mesmo que não devias ir ao Brasil agora.

VERCHÍNIN
Eu fico. É claro que fico. Só marquei a viagem porque, quando falamos sobre isto, foste tu que disseste que eu devia ir. Que não entrava na próxima peça e que devia aproveitar.

DIRETORA

Não estavas a prestar atenção à maneira como eu disse o que disse.

VERCHÍNIN

Queres que fique? Eu fico.

DIRETORA

Mas eu estou a prestar atenção à maneira como dizes o que estás a dizer.

VERCHÍNIN

Eu fico. A sério.

(*Pausa.*)

PONTO

"Sim, por favor, fica, Verchínin."

DIRETORA

Sim, por favor, fica, Verchínin...

(*Dirige-se à Ponto.*)

Onde é que isso está?

(*Procura no texto que a ponto tem nas mãos.*)

Não podes fazer isso. Não podes mudar o texto. Podes recordar tudo, mas não podes inventar. Não podes mudar o que está escrito. Não podes. Tu és a ponto. Tu não estavas lá. E se estavas lá, era na sombra. Eu é que estava lá. Sob as luzes. Eu sei o que disse. Eu disse...

VERCHÍNIN

Tudo bem. Eu fico.

DIRETORA
Não. Deves ir.

VERCHÍNIN
Tens certeza?

DIRETORA
Sim. Eu vou marcar a operação para o verão.

VERCHÍNIN
Não faças isso.

DIRETORA
Já decidi. Já está. É melhor. Assim, quando eu for operada, já regressaste do Brasil. Estás cá comigo. E faço a peça. Terminamos a temporada. É melhor.

VERCHÍNIN
Mas o médico disse...

DIRETORA
Não estavas lá.

VERCHÍNIN
Mas estou aqui, agora. Eu sei o que ele queria dizer.

DIRETORA
Não sabes nada. Fizeste a cena muito mal. Não foi nada como tu fizeste. Só disse que tinhas feito como ele, para te agradar. Devia ter sido honesta. Nunca consigo dizer-te quando fazes as cenas mal. Mas agora foste mal. Foste péssimo. Eu estava lá. Não foi nada assim. Eu sei o que estou a fazer. Tu vais ao Brasil e não se fala mais nisso.

VERCHÍNIN
Tens mesmo certeza?

DIRETORA

Tenho, querido. Daqui a pouco, já é verão.

VERCHÍNIN

Vai passar num instante.

DIRETORA

Isso, meu Verchínin. Um instante. Vê lá, não te enganes. Quando é verão no Brasil, é inverno cá. E tu tens de voltar quando for verão cá. Quando se ouvirem as cigarras pelos campos. Vai ser o verão do nosso contentamento.

VERCHÍNIN

Não te preocupes. No início do verão, estou de volta. Quando se ouvirem as cigarras.

DIRETORA

Podes dizer isso outra vez? Mas agora como se fosses mesmo voltar...

VERCHÍNIN

Não te preocupes. No início do verão, estou de volta. Quando se ouvirem as cigarras. Está bem assim?

DIRETORA

Está muito bem assim, meu querido Verchínin.


CENA 18


DIRETORA

Calai, calai, Senhores. Bem generosos sois,
mas em que extremo aqui vós me lançais os dois!
Quer olhe para vós, quer pense em tal miragem,
do desespero encontro em toda a parte a imagem.

E vejo prantos só. E só ouço dizer
de aflição e de horror, de sangue já a correr.
Sabeis meu coração, Senhor, e o digo a sério,
que nunca suspirar o viram pelo Império.
A grandeza romana, a púrpura imperial,
a meu olhar sabeis que não atrai nem val'.
Amei, Senhor, amei, e quis só ser amada.
Confesso, porém, me senti hoje alarmada.
Cuidei que vosso amor tinha chegado ao fim.
Reconheço meu erro, amais-me sempre assim.
Vosso peito afligiu-se e em pranto ver-vos posso.
Berenice, Senhor, não val' tanto alvoroço,
nem que por vosso amor o mundo em amargura,
todo o seu voto dando a Tito nesta altura
de lhe saborear virtudes e primícias,
logo se vá privar tão cedo de delícias.
Em cinco anos julguei e o vou inda supor
que a vós assegurei um verdadeiro amor.
Não é tudo, pois quero em dia tão funesto
esforçar-me inda mais e coroar o resto.
Vosso mando absoluto eu cumpro e viverei.
Adeus, Senhor, reinai que eu mais não vos verei.

(*Para Antíoco:*)

Príncipe, deste adeus, por vós podeis julgar
que eu não estou disposta a meu amor deixar
para ir longe de Roma ouvir votos alheios.
Generoso vivei, forçai vossos anseios.
Já por Tito e por mim vós vos regreis sem queixa.
Eu amo-o e fujo dele. Ele ama-me e me deixa.
Levai...

# CENA 19

DIRETOR

Tu estás sozinha no palco. Todos os dias, vais àquele teatro abandonado e pontas as peças que fizeste ao longo da tua carreira. Passeias pelo palco. Recordas histórias dos bastidores. Evocas o tempo em que aquele lugar se enchia de gente. O tempo em que acontecia teatro sobre aquele chão antigo que temos guardado no armazém. E o edifício regressa à vida porque tu estás nele. É a tua presença que permite que continuemos a chamar teatro àquele lugar. O chão antigo volta a ser um palco porque tu te passeias nele. Mas tudo acontece na tua memória. Já não há atores, nem técnicos, nem público. Ninguém. Só tu.

PONTO

Epá, sozinha no palco não pode ser. Não vou falar com o público. Olhar para eles? Falar com eles? Desculpa. Eu não sou encenadora nem autora. Tu é que sabes... Mas uma ponto a falar para o público não faz sentido.

DIRETOR

É uma imagem poética.

PONTO

Mas isto não é poesia. É teatro. Não podes fazer uma peça sobre uma ponto sem ter atores. A sério. Sem atores, fico calada.

DIRETOR

Está bem. Deixa-me pensar... Queres mais um café?

PONTO

Ainda por cima, tens o elenco parado. Se vais cancelar o espetáculo que estávamos a ensaiar, podes usar esses atores. A Isabel, a Sofia, o João Pedro, o Vítor, a pequena... A Beatriz. Ela é ótima. E agora ia eu para o palco e eles ficavam sem trabalho? É um disparate. Não pode ser.

DIRETOR

E se fosse assim?... Os atores são fantasmas. E quando tu pontas as falas de textos antigos, evocas os atores desses espetáculos que aparecem por magia no palco e repetem o que tu pontas.

PONTO

Desculpa... Fantasmas de atores? É deprimente.

DIRETOR

Então *tu* és um fantasma que assombra os atores que estão vivos, és a respiração do teatro, a memória e os pulmões do teatro.

PONTO

Não percebo essa obsessão com fantasmas e ruínas. Como é que um tipo que tem idade para ser meu filho é tão pessimista?

DIRETOR

As coisas acabam.

PONTO

Eu sei. Eu sei que as coisas acabam. As coisas são breves. Mas temos mesmo de falar do fim antes de ele chegar? Não conseguimos amar as coisas enquanto ainda existem?

DIRETOR

Amamos de outra forma.

PONTO

Depois do fim, amamos melhor?

DIRETOR

De outra forma.

PONTO

Pronto, está bem. Mas, neste caso, podemos amar sem fantasmas?

DIRETOR
Se não queres fantasmas... Acho que sim. Podemos pensar noutra coisa. Tenho que pedir mais um café? Queres?

PONTO
Tenho *de*...

DIRETOR
Tens de?...

PONTO
Não. Tu tens *de* pedir mais um café. Não tens *que*... Eu não quero, obrigada. Tenho *de* ter cuidado com o café.


CENA 20


PONTO
Depois de beber mais um café, o diretor do meu teatro propôs que o espetáculo fosse então a coleção de todas as frases que eu tinha pontado ao longo da minha carreira. Ele sabia que eu anoto todas as vezes que um ator tem um branco e eu tenho de intervir. Sublinho a frase e ponho uma data. Fiz sempre assim. Se fôssemos ao arquivo do teatro buscar todos os roteiros de todas as peças que pontei, podíamos saber exatamente quantas e quais as falas que tive de soprar em todos os espetáculos da minha carreira. "Eu cá gostava mesmo era de saber: quem foi que derrubou o vaso? Para quem não há medo na ação, menos medo lhe trazem as palavras. Como és idêntico ao espírito de Banquo! Para trás! Só a morte é real e, quando a vemos, tudo recua em corredores de sonho. Oh, respeitáveis sombras Temos de nos despachar. Não tarda aí a senhora. Não te refugies no silêncio. E tenta também não te despir. Só a morte é real e, quando a vemos, tudo recua em corredores de sonho. Importam-se que eu abra um parênteses? É uma glória perder-se servindo-se o que se ama. Não te refugies no silêncio.

Dentro de seis meses terei todos os inconvenientes de um cadáver sem as vantagens respectivas. Detesto as vítimas que respeitam os carrascos. Eu revivo o que se passou todos os dias. Um breve sopro basta para prostrar corpos desgastados. Não te refugies no silêncio. Aonde ir? Aonde? Aonde? Ele não está aí? Para mim já tudo findou, já nada tenho que fazer no mundo. Estou morto. Estou enterrado. Sei adivinhar os teus pensamentos mesmo antes de tu os pensares. Jamais deixei de a amar. Aconteceu tanta coisa nestas últimas horas, vivi tanto e pensei tanto que poderia escrever todo um tratado edificante para as futuras gerações sobre como se deve viver. Sou uma solitária. Abro a boca para falar uma vez de cem em cem anos, e a minha voz soa triste neste vazio, e ninguém a ouve  Que hei de fazer nestas ruínas? Nada se passa como gostaríamos. Eu não queria o cargo de diretora e, no entanto, aconteceu. Quer isto dizer que não iremos para Moscou... Há três dias que não durmo nem descanso, nem pousei esta cabeça, nem pararam estes pés dia nem noite, para chegar aqui hoje para vos dar o meu recado ". E continuava por aí fora. O que vos li agora são as falas que soprei ao longo dos meus primeiros dez anos de teatro. Se vos lesse a lista toda, se vos lesse os meus 39 anos de carreira, duraria exatamente 18 minutos e 23 segundos. O diretor do meu teatro disse qualquer coisa vagamente poética sobre as diferentes camadas de tempo de que é constituído o tempo, mas eu respondi-lhe que não podíamos fazer uma peça de 18 minutos e 23 segundos. Era o que faltava. É que nem pensar. As pessoas pagam bilhete. Merecem mais do que 18 minutos e 23 segundos. Via-se que ele estava um bocado desiludido, mas acabou por concordar em não usar esta ideia no espetáculo. Teriam sido 18 minutos e 23 segundos tremendamente aborrecidos.

CENA 21

PONTO
E, então, o diretor do meu teatro pensou:

DIRETOR

Não morrer. Sobretudo, não morrer. Ficar na vida. Estar face a um médico que profere o diagnóstico com ternura cuidadosa, como um Tirésias no início da tragédia, e confirmar que estávamos certos todas as vezes que dissemos que as coisas fundamentais da vida são invisíveis. Estávamos certos mesmo quando duvidávamos do que dizíamos, porque duvidamos sempre do que dizemos e sabemos que o silêncio entre cada palavra que proferimos não se chama silêncio, o seu nome é dúvida. Na dúvida, ficar na vida. Perante a ideia da morte, reafirmar a razão pela qual participamos da vida: o mistério do futuro. Saber negar os amáveis convites da morte, que nos indica um lugar onde nos sentarmos esperando que o mundo venha ter conosco, que nos pede que aceitemos o mundo tal como é, incondicionalmente, enquanto aguardamos a hora da morte, com a impotência dos vencidos. Recusar a morte e ir ter com o mundo, ser nômade, descobrir o que se esconde para lá da montanha, viajar até o outro lado da noite. Talvez até transformar uma ínfima parte desse mundo ou nunca chegar a consegui-lo. Ser vencido, talvez, mas vencido pela vida. E, sobretudo, não morrer. Saber que a ideia da morte está conosco no espaço exíguo do consultório médico quando Tirésias profetiza o terror, sentir que os cotovelos da morte roçam os nossos cotovelos, e ainda assim ficar na vida porque só quem está na vida pode imaginar as deambulações da morte e traduzi-las numa história que nos sirva para a vida. Isso: escrever ou ler sobre os nossos inimigos, fazer ou ver teatro sobre as formas de morte que nos assombram, mas nunca engrossar as fileiras do conformismo mortal. E tudo isto poderá parecer uma coleção de grandes ideias, vagamente poéticas, destinadas a tranquilizar a consciência ou a animar os espíritos, mas quem escolhe ficar na vida sabe que isto é algo tão concreto como o som das cigarras num dia de verão. É, sobretudo, não morrer. Saborear a deliciosa dificuldade de ficar na vida, nos tempos difíceis e também nos outros, mas nunca nos tempos fáceis, porque sabemos bem que os tempos fáceis não existem. E sempre que nos disserem que este é o mundo possível, saber que é a morte quem nos fala e que nós somos os outros, os que a combatem. E, por isso, é preciso preservar os lugares públicos e os lugares clandestinos onde podemos ficar na vida. É preciso preservar os momentos em que nos dedicamos aos mistérios, em que nos encontramos e dizemos: aqui estamos, talvez poucos, mas certos de que, perante a perspectiva da morte, escolhemos ficar na vida. E sussurrar em vez de gritar, recusar o ruído do mundo, escutar a respiração que emerge do silêncio e que sempre esteve lá mesmo quando não a queríamos ouvir. Preservar os lugares onde podemos ouvir o vento, o sopro do pensamento, o espírito do lugar, o momento breve e irrepetível em que nos vemos pela primeira vez. E, sobretudo, não morrer.

PONTO
Foi isto, mais ou menos, o que pensou o diretor do meu teatro durante uma longa pausa, mas finalmente só disse:

DIRETOR
Ainda não tenho uma boa ideia, mas gostava mesmo de escrever um texto para ti. Aceitas?

CENA 22

PONTO
Ainda não sei muito bem por que é que aceitei fazer este espetáculo. Lembro-me de estar no Ponto de Encontro e de pensar que o diretor do meu teatro nasceu em 14 de fevereiro de 1977. Talvez tenha sido isso. A primeira festa de aniversário dele foi no dia em que estreei no teatro: 14 de fevereiro de 1978. Sou supersticiosa. As coincidências nunca me parecem acidentais. Está tudo escrito. Não sei onde está nem quem o escreveu, mas há um roteiro, com tudo marcado: o que dizemos, o que fazemos, o cenário, os adereços, os figurinos e a luz de cada cena da nossa vida. E há um ponto, escondido nos bastidores que há dentro de nós e que sopra essas coisas que nos acontecem. Ao sairmos do Ponto de Encontro, já depois do pôr do sol, todas as ruas à sombra, uma brisa quente que vinha do rio, as mãos do diretor do meu

teatro a tremer dos nove cafés que tinha bebido, as minhas mãos a tremer de medo, pareceu-me estar escrito que era nesta altura que eu aceitava fazer este espetáculo. Enquanto caminhávamos para a porta de artistas, perguntei ao diretor do meu teatro: quando é que começamos os ensaios?

CENA 23

PONTO
Este teria sido um bom momento para terminar este espetáculo. Eu aceitava estar no palco pela primeira vez na minha vida e pronto, *blackout* ou cortina ou fosse o que fosse. Acabava ali. Mas o diretor do meu teatro insistiu que ainda devíamos incluir mais uma cena sobre o primeiro dia de ensaios. No primeiro dia de ensaios, cheguei antes da hora, como sempre. Depois apareceram os atores. A Isabel, que na minha memória se chama Clitemnestra, o João Pedro, que na minha memória se chama Archie, o Vítor, que na minha memória é Antonio, a Sofia, que é Cleópatra, e a Beatriz, que na minha memória ainda não tem nome porque esta é a primeira vez que trabalhamos juntas. Foi ela que me perguntou como é que tinha sido o meu primeiro dia de trabalho no teatro.

CENA 24

PONTO
Tinha 21 anos. Lembro-me de descer o corredor da plateia vazia. Estava à espera de encontrar a diretora no palco, mas só lá estava o carpinteiro a montar um cenário. Ainda tinha o dedo mindinho inteiro. Disse-me que a diretora estava à minha espera no camarim dela. Nes-

se dia, ainda não era a minha diretora, era só a diretora do teatro onde eu ia começar a trabalhar. Quando entrei, ela mandou-me sentar na *chaise longue*. Estava a tocar uma canção da Nina Simone na rádio. E foi ao som dessa canção que ela me disse, "a menina sabe que vai começar a trabalhar neste teatro hoje, mas não sabe quando é que vai deixar de trabalhar neste teatro. Pode ser amanhã, pode ser daqui a um ano, pode ser daqui a quarenta anos. A menina sabe que vai ser ponto nesta casa. Isso quer dizer que os atores da companhia vão precisar de si. Também não sabemos quando, mas, mais tarde ou mais cedo, qualquer um de nós, incluindo eu, vai precisar de si. Por isso, temos de confiar que, quando a altura chegar, a menina é capaz de nos salvar. Vai fazer tudo o que lhe digo, vai aprender o seu ofício, vai ajudar no que for preciso, vai ser camareira, contrarregra, secretária, vai ouvir segredos e desabafos e intrigas e vai guardar tudo na memória, mas vai lembrar-se sempre que a discrição do ponto deve ser proporcional à indiscrição dos atores. Se fizer isto tudo, todos os dias, posso contar consigo quando precisar. Aqui tem o texto da peça que começamos a ensaiar amanhã. Arranje roupa escura e seja a primeira a chegar. Não preciso de lhe dizer onde é a caixa do ponto, pois não?" E eu respondi: "já sei onde é, obrigada. Na verdade, a senhora diretora talvez não se lembre"... E a minha diretora interrompeu-me e disse: "lembro-me. As pontinhas dos dedos no palco. Assim. *Love me, love me, say you do*".

## CENA 25

PONTO
E esta também teria sido uma boa oportunidade para terminar este espetáculo: recordando o meu primeiro dia de trabalho no teatro, 14 de fevereiro de 1978. Mas o diretor do meu teatro tem muitas dificuldades em terminar os espetáculos e ainda quis incluir uma última cena. Esta, sim, é a última cena. Basta reparar na luz e percebe-se logo. Está mesmo a acabar. Depois de contar aos atores a história do meu primei-

ro dia eles perguntaram o que faria se alguma vez estivesse sozinha no palco, em frente do público. Eu respondi-lhes que, na teoria, seria muito bonito, mas que, na prática, nunca iria acontecer. Mas eles insistiram: o que farias?

CENA 26

PONTO
Foi na estreia da *Berenice*. Estava tudo a correr bem. Estávamos na última cena. A minha diretora fazia a Berenice.

Amei, Senhor, amei, e quis só ser amada.
Confesso, porém, me senti hoje alarmada.
Cuidei que vosso amor tinha chegado ao fim.
Reconheço meu erro, amais-me sempre assim.
Vosso peito afligiu-se e em pranto ver-vos posso.

E, como sempre, eu respirava ao ritmo dela.

Em cinco anos julguei e o vou inda supor
que a vós assegurei um verdadeiro amor.
Não é tudo, pois quero em dia tão funesto
esforçar-me inda mais e coroar o resto.
Vosso mando absoluto eu cumpro e viverei.
Adeus, Senhor, reinai que eu mais não vos verei.

E então, sem me aperceber, comecei a levantar os olhos da página. Deixei-me levar. Ela falava e eu já não estava a seguir o texto.

Príncipe, deste adeus, por vós podeis julgar
que eu não estou disposta a meu amor deixar
para ir longe de Roma ouvir votos alheios.
Generoso vivei, forçai vossos anseios.

Já por Tito e por mim vós vos regreis sem queixa.
Eu amo-o e fujo dele. Ele ama-me e me deixa.
Levai...

E depois ficou em silêncio. Teve um branco ou faltou-lhe o ar. Ficou ali.
E eu a olhar para ela. Nem me passou pela cabeça que fosse um branco. Não olhei para o texto. Foi a única vez que me aconteceu. Deixei-me levar. Esqueci-me de que era a ponto. Estava só a vê-la. Pareceu-me uma pausa perfeita e verdadeira. Depois apercebi-me do que estava a acontecer. Procurei o verso seguinte.

Levai longe de mim ferros, suspiros, zelo.

Li na página.

Levai longe de mim ferros, suspiros, zelo.

Mas quando ia soprar o verso seguinte, não saiu nada. Era como se também me faltasse o ar. Eu respirava, mas não saía nada. A minha diretora ali, no seu vestido verde, e nada. Sei perfeitamente que o figurino dela não era verde, mas naquela altura pareceu-me verde. Talvez fosse das luzes. Pareceu-me verde. E eu, nada. Não consegui. Não sei quanto tempo durou. Mandaram fechar a cortina. O público aplaudiu, como se tudo estivesse normal. Só deram conta de que havia um problema, porque a minha diretora não veio aos agradecimentos. No dia seguinte já não houve espetáculo. E é isto. Se alguma vez estivesse sozinha num palco, se falasse diretamente com o público, terminava essa cena. Seria muito breve. Apenas sete versos. Nada de especial. Sete versos. Só aquilo que o público nunca chegou a ver. Não é o suficiente para fazer um espetáculo. Se quiserem, posso mostrar-vos. A sério que não é nada de especial.

"Levai longe de mim ferros, suspiros, zelo.
Adeus ao universo, os três somos modelo

do amor que foi mais terno e foi mais infeliz
cuja história de dor nele guardar se diz.
Esperam-me. Aqui vou. Não me sigais. Enfim,
(*para Tito:*) Senhor, mais uma vez, adeus pois".

E depois, o Antíoco diria:

"Ai de mim!"

# Minha voz do outro

*Leonardo Gandolfi*

1.

O português Tiago Rodrigues está entre aqueles dramaturgos contemporâneos que mobilizam a escrita de uma forma bem especial: ele escreve lendo outros textos. Não se trata de dizer que o texto ocuparia um lugar centralizador que subordina outros elementos na encenação, e sim que o texto, ele mesmo, tem quase o estatuto de personagem nestas peças, a saber — um soneto de Shakespeare a ser decorado por sua avó, documentos da censura salazarista finalmente expostos, uma grande variedade de textos dramáticos materialmente presentes por meio da citação etc.

Os trabalhos de encenação e de escrita em Tiago Rodrigues são um só. No geral, a encenação lida com a lógica, num sentido amplo, da adaptação, quando realiza a transposição de um texto, dramático ou não, para a cena. E as peças escritas por Tiago Rodrigues geralmente leem, convivem e dialogam com outros textos de forma intensa, como se os mecanismos da adaptação fossem constitutivos da sua escrita. Tal convivência com tantos textos se dá por meio de variados recursos e todos eles colaboram para um sentido nada apaziguado de adaptação. Ler suas peças é como acessar uma espécie de laboratório de escrita e leitura.

Há, por exemplo, 1) o diálogo tradicionalmente como motor da ação, mas também o diálogo que faz o drama avançar por justaposição, numa dinâmica de vozes; 2) a presença de uma primeira pessoa que se vale da autobiografia, não necessariamente para expor uma unidade extratextual do sujeito, mas sim para fazê-lo funcionar num modo ensaístico à maneira do "eu" nos ensaios de Montaigne, voz que precisa construir a si mesma a cada texto; 3) a colagem, que instaura uma temporalidade bem material; 4) o documental, tanto a partir de alguns registros afins ao chamado "teatro documentário", quanto como modo, comum nas artes plásticas, de trabalhar o documento, ressignificando-o estética e politicamente; 5) a ocorrência do verso como forma de imprimir, quando convivendo com a linha da prosa, diferentes velocidades e andamentos.

A lista não é exaustiva. Enumerei apenas alguns recursos para dar a ver essa espécie de laboratório no qual o autor escreve diretamente através da leitura de outros textos mobilizados e manuseados. É como se o teatro de Tiago Rodrigues trabalhasse a partir de um arquivo em constante consulta. Tanto a lógica da adaptação como o trabalho arquivístico estão diretamente ligados ao fato de se tratar de uma escrita da memória, não no sentido da monumentalização do passado, mas no sentido de sua elaboração constante.

2.

A lógica da adaptação é evidente, em *Antonio e Cleópatra* (2014), em que o texto da peça de Shakespeare é reelaborado, alterado, decantado, como se dele só pudessem restar as duas vozes do título. E assim dezenas de personagens têm suas presenças dissolvidas na presença do casal de atores, assinalados como S e V,[1] que atuam, sobretudo, como narradores, invertendo, em grande parte do texto, as vozes feminina e masculina. Estamos diante de um poema menos porque as linhas se transformam em verso do que pela forma como as falas dançam, ora se separando, ora se fundindo (por meio da repetição), numa original coreografia de enunciados.

Nesse caso, o movimento de adaptação, mais do que atualizar o texto de Shakespeare (como é comum em certa concepção de adaptação relacionada à modernização de clássicos), transforma a peça do autor inglês em suporte por sobre o qual se escreve. Escrita sobre um

---

[1] S e V correspondem às iniciais de Sofia Dias e Vítor Roriz, os bailarinos atores no palco.

palimpsesto, mas um palimpsesto amoroso. Afinal, as vozes do texto contam a história de outro casal e, ao contarem, fundem-se a ele. Em termos formais, as falas são linhas que podem funcionar feito versos, criando um tempo rítmico muito próprio: "Antonio dá uma mão a Cleópatra/ Cleópatra segura a mão de Antonio/ Antonio dá um primeiro passo com o pé direito/ Cleópatra dá um passo com o pé esquerdo/ Antonio entra no presente/ Cleópatra entra com ele". O presente tanto como tempo do drama quanto como tempo da adaptação.

Um sentido de adaptação como gesto criativo amplo — que tem se intensificado no cinema e nas artes contemporâneas — foi intensamente discutido por Linda Hutcheon. A teórica pensa a adaptação para além da baliza costumeira da fidelidade ou infidelidade de um objeto artístico em relação ao outro objeto no qual se baseia, e também para além de uma pressuposta inferioridade da obra adaptada. Hutcheon elabora uma teoria da adaptação a partir da ideia de diálogo entre textos como "processo de criação" e como "processo de recepção", isto é, "um ato criativo e interpretativo de apropriação/recuperação".[2]

Por esse caminho, tal ideia de adaptação poderia se aproximar, até certo ponto, do sentido de imitação, conforme os antigos o compreendiam, ou seja, como paradigma criativo anterior à noção romântica de originalidade. Vale lembrar que *Antonio e Cleópatra*, de Shakespeare, já havia sido composto a partir de uma versão da história contada por Plutarco. Hutcheon escreve: "Shakespeare transferiu histórias de sua própria cultura para o palco, tornando-as assim disponíveis para um público totalmente distinto. Ésquilo, Racine, Goethe e Da Ponte também recontaram histórias conhecidas em novas formas".[3]

Mas talvez o melhor modo de pensarmos a lógica da adaptação em Tiago Rodrigues seja por meio de uma lógica do encontro — encontro entre dois textos, encontro entre dois tempos, ou simplesmente, como diz Alexandra Moreira da Silva, "o encontro com o outro". Diz a ensaísta que esse breve e irrepetível *estar juntos* "transforma-se não

---

[2] Linda Hutcheon, *Uma teoria da adaptação*, tradução de André Chechinel, 2ª ed., Florianópolis, Editora da UFSC, 2013, p. 30.

[3] *Idem*, p. 22.

raras vezes em diálogo *interior*, num diálogo virtualmente sem fim e quase contínuo, numa parceria permanente com as vozes que vamos herdando, que são talvez a nossa mais bela e profunda herança, espectral, íntima e tão necessária. É este diálogo interior — *este trazer o outro em si, o outro que ele não é* — que precede e orienta a escrita, a escrita amorosa de Tiago Rodrigues".[4]

Ainda pensando nessa lógica do encontro e na escrita amorosa do autor português, vale trazer algo que Northrop Frye afirma sobre *Antonio e Cleópatra* de Shakespeare: "Nesta peça, há um número incontável de mensageiros, e o ar fica pesado com tantas informações e novidade, mas nada parece estar sendo comunicado, embora — quando algo acontece de fato — isso afete o mundo inteiro de uma só vez".[5] A redução que o texto de Tiago Rodrigues faz, ao manusear Shakespeare, sublinha o encontro como necessidade de comunicação, mas também como falta dela. E tal condição parece ser fundamental ao amor, à política e também à trágica combinação entre amor e política, como é o caso dessa história.

3.

Já o trabalho arquivístico é evidente em *Três dedos abaixo do joelho* (2012), texto no qual o autor acessa os "relatórios de censores de teatro do Secretariado Nacional de Informação, Cultura Popular e Turismo entre 1943 e 1974", deles destacando os enunciados em que se flagram os gestos da censura sobre os textos dramáticos e sobre os ensaios das peças examinadas. Vale lembrar que esse período é o da ditadura salazarista e o Secretariado Nacional de Informação atuava em nome desse regime. Trechos de textos clássicos como os de Aristófanes, Molière e outros foram censurados da mesma forma que textos então

---

[4] Alexandra Moreira da Silva, "Um sopro de cortar a respiração: a secreta melancolia de Tiago Rodrigues nos palcos franceses", *Revista Sinais de Cena*, 2ª série, nº 3, 2019, pp. 349-50 (<https://revistas.rcaap.pt/sdc/article/view/17511>).

[5] Northrop Frye, *Sobre Shakespeare*, tradução de Simone Lopes de Mello, 2ª ed., São Paulo, Edusp, 2011, p. 154.

contemporâneos como os de Edward Albee, Samuel Beckett, Bernardo Santareno e tantos outros. A partir do recurso da montagem, duas vozes — que no texto impresso são enunciadas por Isabel e Gonçalo (os nomes dos atores Isabel Abreu e Gonçalo Waddington) — dialogam usando apenas trechos dos relatórios de censura, trechos das peças censuradas e "uma frase de um discurso de António Oliveira Salazar".

É curioso que justo *Três dedos abaixo do joelho* e *Antonio e Cleópatra* trabalhem com muitas vozes submetidas a somente dois focos de enunciação. Em ambas as peças, vemos como Tiago Rodrigues se vale de um material textual prévio, aprofunda-se nele e sai dele transformado, ao mesmo tempo que transforma tal material. No primeiro caso, Shakespeare; no segundo, os relatórios dos censores do teatro e os trechos censurados de diversas peças. Se o trabalho de arquivo em *Três dedos abaixo do joelho* consiste em adaptar os relatórios da censura; o trabalho de adaptação em *Antonio e Cleópatra* consiste em encarar o texto de Shakespeare como arquivo consultado e redimensionado.

Vale a pena discutir um pouco mais a noção de arquivo a partir do texto de *Três dedos abaixo do joelho*, já que tal noção, nessa peça, juntamente com a noção de documento, cria um testemunho que torna concretamente mais complexos tanto o discurso da censura quanto das vozes dramáticas. Como diz Fernando Matos Oliveira: "Resgatar este arquivo num texto dramático, enquanto gesto demonstrativo, constitui uma forma de disputar o território arquivístico e ampliar o discurso público sobre o arquivo".[6]

No caso, a peça de Tiago Rodrigues é uma forma de abrir tal arquivo e lê-lo com os olhos do teatro em tempos de democracia. Ou seja, o discurso artístico se apossa de um documento, manuseia-o por meio da escrita dramática e assim elabora uma forma de luto em relação aos modos de opressão da ditadura portuguesa.

Nesse sentido, o trabalho com arquivo não representaria uma forma automática de acessar o passado, mas sim de nos relacionarmos

---

[6] Fernando Matos Oliveira, "Tiago Rodrigues, escritor de espetáculos", em Tiago Rodrigues, *Três dedos abaixo do joelho/ Tristeza e alegria na vida das girafas/ Coro dos amantes*, Coimbra, Imprensa da Universidade de Coimbra, 2013, p. 118.

com ele, recriando-o. Tais documentos adquirem novas camadas de sentidos por meio da leitura que o teatro faz deles. O que chama atenção para o quanto o trabalho artístico com a memória é dinâmico, crítico e político. Uma das estratégias da violência da censura é a invisibilidade de seu *modus operandi*. Ao transformar os censores em autores das falas na peça, Tiago Rodrigues não só torna público e denuncia tal *modus operandi*, mas também o dramatiza. Ou seja, impõe ao discurso da censura justamente a linguagem sobre a qual esse discurso exerce sua hostilidade. O que não deixa de ser uma espécie de vingança do teatro.

Sobre o trabalho arquivístico em si, a historiadora Arlette Farge chama a atenção para o quanto, no âmbito das ciências humanas, "o arquivo contém uma infinidade de histórias",[7] e o trabalho do historiador no arquivo "impõe necessariamente operações de triagem, de separação de documentos" — e acrescenta: "A questão é saber o que triar e o que abandonar".[8] Tal gesto crítico depende de escolhas e, é claro, de um sentido forte de composição: "não será demais dizer a que ponto o trabalho em arquivos é lento, e o quanto essa lentidão das mãos e do espírito pode ser criativa".[9]

Se nem no discurso das ciências humanas o trabalho em arquivo ignora uma perspectiva criativa, o que falar do arquivo quando ele é lido por ferramentas dramáticas? Ao comentar o teatro de Tiago Rodrigues, Alexandra Moreira da Silva afirma que "interrogar o arquivo é sempre uma tentativa de organizar um real a reconstruir, ainda que seja no interior de uma ficção".[10] Em *Três dedos abaixo do joelho*, os enunciados são trazidos dos documentos. Com isso, o estado de relatório é mantido sem uma recusa à invenção. Em outras palavras, a colagem dos textos é determinada pela escrita da peça, por sua escrita de

---

[7] Arlette Farge, *O sabor do arquivo*, tradução de Fátima Murad, São Paulo, Edusp, 2017, p. 75.

[8] *Idem*, p. 71.

[9] *Idem*, p. 59.

[10] Alexandra Moreira da Silva, *op. cit.*, p. 354.

palco. E é assim que a citação não se comporta como corpo estranho no texto, já que ela é o próprio fluxo dele. Ao lançar mão de uma montagem radical na escrita, Tiago Rodrigues cria uma dinâmica de diálogo e ação dramática, pois combina os enunciados dos relatórios de censura a outros enunciados dos textos dramáticos censurados. Junto das vozes de censores nomeados, também encontramos vozes de alguns personagens de peças clássicas e modernas, alguns imediatamente reconhecíveis, outros não.

Há certas intersecções entre os documentos e os textos dramáticos citados. Chama a atenção, por exemplo, uma frase dita no *Otelo*, de Shakespeare, que, depois de aparecer num diálogo de *Três dedos*, é repetida algumas vezes, quase como um refrão no primeiro e no segundo atos: "Um monstro demasiado horrível para ser mostrado". A repetição do enunciado e os diferentes contextos em que ele reaparece transformam-no numa espécie de arte poética da própria peça, já que *Três dedos baixo do joelho* mostra justamente o funcionamento de um monstro (a censura) que apenas trabalha da maneira que trabalha porque age sem se expor publicamente. Só nesta lógica temporal não-linear construída pelo autor português, Shakespeare, poeta do século XVI, pode denunciar censores no século XX.

Ainda sobre a dinâmica das falas nesta peça (aliás, não isenta de comicidade), não há personagens no sentido habitual do termo, já que as vozes presentes integram um funcionamento polifônico através dos dois atores, mas tal funcionamento não parece abrir mão de uma dinâmica de diálogos, dinâmica esta que não é ornamental, e sim decisiva para o andamento e para o regime de representação construídos.

Por falar nesse regime, não se trata de pensar o caráter documental do texto a partir de um registro não-ficcional. Na verdade, esse e outros textos de Tiago Rodrigues não criam necessariamente uma polarização entre o ficcional e o não-ficcional, tampouco se esforçam para relativizar suas fronteiras, mas sim trabalham com elementos comuns aos dois, por exemplo, os princípios de narração e de figuração, aliados a um caráter meditativo e autorreflexivo.

Ainda pensando no trabalho com o arquivo feito por *Três dedos abaixo do joelho*, vale convocar certa teoria contemporânea da arquivologia acerca de um termo caro a esta área: a preservação. O historiador Tom Nesmith escreve: "*Preservação* diz respeito não tanto ao fato de manter um documento em estado original ou devolvê-lo ao estado original, e sim modificá-lo a fim de reter o máximo possível de suas características físicas e significados (e, portanto, sua integridade)".[11] A partir da provocadora definição de Nesmith, posso pensar que a peça de Tiago Rodrigues é uma forma notável de preservação do arquivo público. Deixá-lo fechado e isolado é colaborar para seu esquecimento e, pior, para o seu funcionamento na invisibilidade.

Ao ler esses documentos e submetê-los à linguagem dramática, o autor manuseia-os, mas não os adultera. Faz de tudo para olhá-los nos olhos e enfrentá-los. Afinal, a estratégia da violência que tais arquivos dão a ver advém não só da invisibilidade desses documentos, mas também de sua não-preservação ou desintegração. Por isso, tornar tal arquivo público e legível — como a linguagem dramática em tempos democráticos pode fazê-lo — é uma forma de desrecalcar a memória da violência por meio da elaboração do passado, isto é, por meio da fundamental preservação e circulação de tais documentos no presente. Como escreve Fernando Matos Oliveira sobre a peça: "Que seja um autor da geração pós-abril [entenda-se, pós-ditadura] a ousar jogar com as palavras cortadas é também revelador da distância necessária à desopressão e estetização do trauma".[12]

4.

Tiago Rodrigues não escreve *para* o teatro, ele escreve *com* o teatro. Seguindo essa direção, é possível ir mais longe e até afirmar que quem fala nas peças do autor é o próprio teatro, isto é, quem fala é

---

[11] Tom Nesmith, "Relendo os arquivos: novas contextualidades para a teoria e prática arquivísticas", em Luciana Heymann e Letícia Nedel (orgs.), *Pensar os arquivos: uma antologia*, tradução de Luiz Alberto Monjardim de Calazans Barradas, Rio de Janeiro, Editora FGV, 2018, p. 165.

[12] Fernando Matos Oliveira, *op. cit.*, p. 120.

tanto a história do teatro, sua memória, como suas variadas formas de dar a ver e construir o mundo. E tal presença do teatro, como legado, como tradição, como memória e forma de vida, não implica uma crença no gênero dramático com características totalmente predefinidas e estáveis. Ao contrário, justo por ser o teatro quem fala em suas peças, o teatro não precisa sempre de suas características historicamente mais asseguradas para se mostrar como teatro; isso não quer dizer que, em contrapartida, o teatro precise do gesto contestatório, lutando contra tais características para se mostrar também como teatro.

Tal liberdade produz uma peça como *By Heart* (2013) em que o próprio autor, quase num formato de aula, se dirige ao público:

> "Boa noite. Obrigado por terem vindo. Como podem ver, estão dez cadeiras no palco. Preciso que dez espectadores venham sentar-se nessas cadeiras. Antes de aceitarem o meu convite, com entusiasmo, devo avisar que esses dez espectadores irão aprender um texto de cor. Um texto pequeno. Fácil de aprender. Não é assim tão fácil. É bastante difícil. Mas é possível."

Jogando tanto com a proposta de saber de cor um texto (lugar-comum de certa ideia sobre a preparação do ator) e jogando com a participação do público (também um lugar-comum, mas, agora, de certo teatro interativo), o ator-autor intercala uma história pessoal em que se cruzam o pedido que sua avó lhe faz para que escolha um texto para que ela, na iminência da cegueira, o aprendesse de cor; uma carta que Tiago Rodrigues enviou ao crítico George Steiner sobre a memória; e ainda trechos citados pelo próprio ator-autor de uma entrevista televisiva em que o mesmo crítico discorre, entre outras coisas, sobre a perseguição política a autores como Boris Pasternak e Óssip Mandelstam. Sem contar, a presença de um trecho do romance *Fahrenheit 451*, de Ray Bradbury. Enquanto isso, verso a verso, as dez pessoas que ocupam as dez cadeiras vão, conforme a peça avança e com a ajuda do autor, decorando em voz alta um a um os versos de um soneto de Shakespeare. E essas vozes funcionam como uma espécie de coro em processo que marca o tempo da peça.

*By Heart* tem um forte andamento ensaístico — no qual se articulam a presença do enunciador e parte de sua biografia a outros tantos textos citados — na elaboração de algumas questões. Na peça, tais questões concentram-se na admirável afirmação da literatura e sua tradição humanística como forma de testemunho e resistência contra adversidades, seja a de regimes despóticos, seja a da passagem do tempo como constitutiva experiência humana de finitude. O texto — tanto a partir da tessitura de materiais distintos quanto a partir da presença coral e progressiva dos versos de Shakespeare — vai construindo uma dimensão bem concreta de encontro, união e partilha (a cena final confirma isso), dimensão esta que talvez seja uma das marcas mais perenes da obra deste autor português. Na verdade, indo mais longe, *By Heart* nos diz que a busca por um senso de comunidade é o que melhor podemos aprender com o teatro.

Voltando à questão do ensaio, a presença dele como gênero literário funde-se — por meio da relação entre o ator-autor e o público no palco — a uma outra acepção de ensaio, ou seja, a do ensaio como trabalho preliminar pelo qual passa a montagem de um espetáculo teatral. Em outras palavras, em *By Heart*, o ensaio, como forma de escrita e experimento do "eu", se vale do ensaio, no sentido de preparação coletiva para uma peça, na medida em que faz parte do texto a dinâmica em que o público precisa aprender o poema de cor, numa espécie de ensaio aberto. Estamos diante de um teatro que se vale de alguns elementos da performance (sobretudo na relação com o público), assim como estamos diante de um texto dramático que se vale do caráter performativo e processual que o gênero literário ensaio costuma mobilizar.

5.

Se em *By Heart*, as pessoas-livros, como os resistentes na ficção *Fahrenheit 451*, presentificam a ideia de arquivo ("Há uma dupla muito conhecida, a dupla Tolstói: Guerra e Paz. Há um pelotão composto por sete soldados, que é o pelotão Em Busca do Tempo Perdido, ou pelotão Proust"), em *Sopro* (2017), é a voz da personagem da "ponto"

— a pessoa que sopra as falas para atores que se esquecem do texto — que, a partir do diálogo com o personagem do diretor da peça, relembra todos os anos de trabalho no teatro. Ela realiza isso segurando o texto da peça em mãos (quase a sublinhar o lugar da palavra escrita no teatro de Tiago Rodrigues). No palco, a ponto — seu nome é Cristina Vidal — sopra todo o texto para os atores. Tal interlocução e rememoração funcionam juntos como um dispositivo que recorta trechos de textos dramáticos sussurrados pela ponto — também numa lógica da citação — e, sobretudo, traz histórias dos bastidores e do funcionamento do teatro, sua equipe, atores e atrizes presentes, ao longo de anos, nas diversas montagens e encenações em que ela trabalhou.

O fato de Cristina Vidal ser uma das últimas pontos no teatro europeu — a grande maioria dos profissionais que desempenham essa função foi substituída pelo ponto eletrônico — já sinaliza uma presença limiar, como se sua personagem fosse uma espécie de metonímia de uma ideia de teatro que está em vias de desaparecer. A voz da ponto como representação do teatro (entre sua fala soprada aos atores e seu silêncio-escuta, entre o palco e a coxia ou entre um teatro do passado e um teatro por vir) possibilita uma perspectiva que elabora o passado, isto é, que faz com que o passado possa salvar o presente.

Walter Benjamin escreveu: "tampouco os mortos estarão em segurança se o inimigo vencer. E esse inimigo não tem cessado de vencer". Trata-se de um trecho de seu último ensaio: "Sobre o conceito de história".[13] Nele, o pensador alemão, perseguido então pelo nazismo, entende que o passado não é algo acabado que desemboca no presente, mas sim um lugar de contínua disputa no presente. O trabalho arquivístico e o princípio de adaptação teriam algo dessa mesma temporalidade crítica, reivindicada por Benjamin, temporalidade na qual se busca, entre outras coisas, "escovar a história a contrapelo".[14] Ainda mais se pensarmos que, na peça, como afirma Alexandra Moreira da

---

[13] Walter Benjamin, "Sobre o conceito de história", em *Magia e técnica, arte e política: ensaios sobre literatura e história da cultura* (*Obras escolhidas*, vol. 1), tradução de Sérgio Paulo Rouanet, 5ª ed., São Paulo, Brasiliense, 2012, p. 244.

[14] *Idem*, p. 245.

Silva, o personagem do diretor "é aquele que, ao inscrever-se no presente, o vê permanentemente como *um estaleiro de escavações arqueológicas* onde importará fazer surgir o passado, a memória do teatro, os seus fantasmas".[15]

A história não é um acúmulo de fatos e eventos, mas sim um objeto de construção do presente. Com isso, a necessidade de uma contínua elaboração do passado, diante de representações hegemônicas dele, passa a ser uma forma de resistência, mas não a resistência de quem deseja retornar a antigos valores, de modo saudosista, e sim a resistência de quem consegue, como diz Benjamin, "explodir uma época determinada para fora do curso homogêneo da história".[16]

Por meio da peça *Sopro*, o que explode para fora do curso homogêneo da história é o nosso próprio tempo. E esse processo — a um só tempo crítico e afetivo — tem como agente o teatro. Mais do que um lamento sobre o fim de um tempo, *Sopro* é a afirmação da força da linguagem dramática. É o teatro de hoje encarando a tradição não como um fardo a ser enfrentado ou suportado, mas como ferramenta para ler e dizer o presente. Nesse sentido, o passado não tem lição alguma a dar ao presente. Mais do que isso, como diria Benjamin, o passado significa, para o presente, um "tempo de agora".[17]

Pensando nessa relação singular entre os tempos, cito novamente Alexandra Moreira da Silva que afirma: "é também um dos motores da escrita de Tiago Rodrigues, a herança, o legado, a *revinda*, o sopro, claro, o sopro dos fantasmas, dos heróis que povoam o teatro da nossa história, da nossa memória. 'Escrever', dizia Tiago Rodrigues recentemente, 'é poder salvar Antígona no final'. Ou ainda dar a palavra à ponto e fazer o público ouvir a outra Berenice — a da sombra — em sete versos".[18]

---

[15] Alexandra Moreira da Silva, *op. cit.*, p. 353.

[16] Walter Benjamin, *op. cit.*, p. 251.

[17] *Idem*, p. 249.

[18] Alexandra Moreira da Silva, *op. cit.*, p. 350.

6.

Com características distintas entre si, cada uma das peças presentes neste livro é uma forma de apresentação da obra de Tiago Rodrigues. Mas talvez, até pelo seu formato breve, *Natalie Wood* (2009) funcione como uma apresentação concentrada e intensa do escritor. O texto é dividido formalmente em dois segmentos. O primeiro é um poema em sete partes cujo primeiro verso simplesmente é: "O meu nome é Tiago Rodrigues, sou ator". Ou seja, estamos diante de uma espécie de eu-lírico que joga com a instância do autor. Aproximando o texto da peça à tradição do poema, não seria absurdo pensá-lo a partir de poéticas que vigoraram no cenário da moderna poesia portuguesa, como a poética do fingimento de Pessoa e a poética do testemunho de Jorge de Sena. Ou, no caso de não pensarmos na etiqueta do poema, mas sim na do texto dramático, podemos estar diante de uma espécie de eu-épico, desdobrado das experiências teatrais modernas.

Tanto o nome próprio como a função de ator revelam uma tentativa de grau zero da ficção, grau zero que será contrastado ao segundo segmento do texto (parte 8), um longo trecho agora em prosa, que também traz o "eu" do monólogo, mas na voz de Natalie Wood que está no mesmo plano diegético da voz do autor: "Boa noite. É um prazer estar aqui esta noite participando neste espetáculo do Tiago Rodrigues". No entanto, logo o texto vai tentar recuperar seu grau zero, afinal Natalie afirma: "Mas a verdade é que eu não sou a Natalie Wood. Eu sou apenas um manequim emprestado pelo Teatro Nacional para a apresentação desta noite".

*Natalie Wood* radicaliza a suspensão de esquemas formais predeterminados para um texto, seja este dramático ou não. Tudo nele precisa ser construído a partir dele mesmo e cada elemento seu vai sendo testado. O "eu" da enunciação é testado. E acontece o mesmo com o tempo. A princípio, ele se mostra linear, porém, quanto mais linear parece ser, mais o fio da linearidade dá voltas e se embaralha. E o mais curioso é que tal temporalidade — em consonância com os outros textos do autor aqui comentados — aponta diretamente para a textualidade e para a cena. Porque as marcações temporais dizem respeito tanto ao tempo de escrita do texto ("estar naquilo que vocês, as pessoas do presente,/ chamam 'a semana passada'") como ao tempo de atuação ("Eu estou aqui e agora nesta piscina vazia convosco"). Mas esses dois tempos são tempos presentes para si mesmos e, quando cada tempo se refere ao outro, há uma espécie de vertigem cronológica: "E estou certo de que o Tiago Rodrigues do futuro,/ o 'eu' que estará para a semana convosco/ numa piscina vazia a dizer estas palavras,/ terá uma expressão de alívio, felicidade e esperança/ estampada no rosto".

Acontece que os jogos de ficção, de voz e, sobretudo, de tempo não estão presentes no texto apenas como busca de uma forma dramática expandida. A intersecção entre os biografemas de Tiago Rodrigues e de Natalie Wood produz dramaticamente a experiência limiar e humanizante de congelarmos justo "o momento anterior à sua morte", diz-nos Tiago Rodrigues sobre Natalie Wood, ou, quem sabe, "o momento exatamente anterior à minha morte", diz-nos o ator-autor, a partir de um dos tempos presentes de onde narra seu poema.

7.

Há alguns anos, o francês Bruno Tackels chamou atenção para determinados escritores teatrais que ele considerou como "escritores de palco". Para esses autores, "o palco é decididamente o ponto de partida; o autor deixa de surgir como um poder de criação único e totalmente hegemônico".[19] O texto provém "do palco e do seu contexto coletivo, e não da solidão de um escritório".[20] Isso não quer dizer que o texto registre improvisações ou funcione como pauta, "bem pelo contrário: as palavras inscrevem-se numa construção essencialmente amadurecida no espaço e no tempo do palco, a partir de tudo aquilo que se apresenta como matéria, a começar pelos atores".[21] Trata-se de

---

[19] Bruno Tackels, "Escritores de palco: algumas observações para uma definição", tradução de Alexandra Moreira da Silva, *Revista Sinais de Cena*, nº 15, junho de 2011, pp. 68-74, p. 72 (<https://revistas.rcaap.pt/sdc/article/view/128240>).

[20] *Idem*, p. 73.

[21] *Idem*, pp. 68-9.

"um modo que consiste numa relação estreita entre o poema e o ator, entre a escrita e a cena".²²

Tal modo de escrita mantém a figura autoral, mas descentraliza sua relação com o texto, desloca sua produção para uma instância coletiva, materializada, sobretudo, no trabalho com os atores, isto é, materializada no trabalho do ensaio. Tal vivência da escrita está longe de ser estranha a Tiago Rodrigues, como afirma Luís Miguel da Silva Lopes: "o trabalho realizado na cena, como intérprete e criador, ainda antes de se aventurar na escrita dramática, permitiu a Rodrigues dar espaço à exploração das possibilidades cênicas numa espécie de movimento de dentro para fora: partindo do solo virgem ocupado pelos corpos dos atores para a página em branco".²³ Nesse mesmo sentido, vale citar ainda um trecho de depoimento do próprio dramaturgo a Lopes:

> "[...] vamos começar a ensaiar, vamos começar a decidir cenas, vamos começar a decidir a linguagem do espetáculo em palco, vamos começar a decorar texto, vamos começar a considerar o texto fechado embora mais da metade ainda não esteja escrito... e eu vou escrevendo à medida que nós vamos conseguindo montar a peça."²⁴

Em entrevista a Rui Pina Coelho e Joana d'Eça Leal, o escritor também fala dessa dimensão coletiva do teatro presente na sua escrita:

> "Escrevo quase sempre para um ator com o qual estou a trabalhar e que conheço bem. O ator tem soberania sobre o que eu escrevo. Alguns dos meus melhores ensaios de lei-

---

²² *Idem*, p. 63.

²³ Luís Miguel da Silva Lopes, *O texto, o ator e a cena em Tiago Rodrigues*, dissertação de mestrado defendida na Faculdade de Letras da Universidade do Porto, sob orientação da professora Alexandra Moreira da Silva, 2013, p. 50 (<https://repositorio-aberto.up.pt/bitstream/10216/71118/2/28541.pdf>).

²⁴ *Idem, ibidem*.

tura são os que resultam das piores manhãs de escrita. Um mau texto de manhã dá um ensaio, normalmente, muito bom à tarde. [...] Quando apareço com um mau texto, implica que eu reconheça que a manhã correu mal e obriga-me a um trabalho mais criativo no debate com os atores. E depois reescrevo o material de modo a incluir as diversas visões dos atores. Às vezes, visões que entram em conflito. Aí, a escrita e a encenação passam a ser o trabalho de fornecer a matéria-prima que permita aos atores debater em palco. Inventar esse debate em palco em vez de obedecer a um caminho preestabelecido e reproduzir a tal cena que correu bem."[25]

Assim como nas peças de Tiago Rodrigues há uma forte dimensão do encontro — entre textos, entre tempos, entre vozes —, a origem do texto também convoca um senso comunitário e colaborativo, nascido no palco. É nesse sentido que o autor não escreve para a cena, mas sim a partir da cena. Ainda que seja um texto para o teatro, ele não é um texto escrito *para* o palco, mas sim *do* palco. E é por ser escrito do palco que o texto pode ir para outros lugares sem perder o teatro.

Ao trazer a cena de forma constitutiva, esses textos instauram a cena onde quer que estejam. No panorama da literatura portuguesa contemporânea, esses textos se destacam, assim, por sua grande capacidade performativa de fazer coisas com a linguagem. Desta forma, o livro, assim como o palco, também é o lugar deles, até porque, como vimos, eles, os textos dramáticos aqui presentes, têm a leitura como tema e como gesto amoroso. E as peças escolhidas para este volume sublinham justamente tal caráter, aquele no qual as formas nunca estão dadas antes do texto. Tais formas são construídas nele e a partir de suas questões, num constante laboratório que funciona diante do leitor e com a participação dele.

Por falar em gesto amoroso, vale ouvir o poeta Joseph Brodsky, leitor entusiasmado e um dos autores convocados em *By Heart*. Em

---

[25] Rui Pina Coelho e Joana d'Eça Leal, "Tiago Rodrigues: sem truques (entrevista)", *Revista Sinais de Cena*, nº 21, junho de 2014, p. 41 (<https://revistas.rcaap.pt/sdc/article/view/13142>).

um ensaio no qual homenageia a poesia de Auden, Brodsky diz sobre si mesmo que "o homem é aquilo que ele lê" e, linhas depois, conclui: "somos sempre modificados pelo que amamos".[26] De alguma forma, essas duas frases poderiam servir de epígrafe para este livro de Tiago Rodrigues, afinal, em seus textos, leitura, partilha e alteridade configuram uma mesma e apaixonada prática.

---

[26] Joseph Brodsky, *Menos que um: ensaios*, tradução de Sergio Flaksman, São Paulo, Companhia das Letras, 1994, p. 135.

## Sobre os textos

A peça *Natalie Wood* foi encenada pela primeira vez em 2009, já *By Heart*, em 2013, e ambos os textos integram a coletânea *By Heart e outras peças curtas* (Coimbra, Impressa da Universidade de Coimbra, 2016). *Três dedos abaixo do joelho* estreou em 2012 e foi publicado na reunião *Três dedos abaixo do joelho/ Tristeza e alegria na vida das girafas/ Coro dos amantes* (Coimbra, Imprensa da Universidade de Coimbra, 2013). *Antonio e Cleópatra* foi encenado pela primeira vez em 2014 e reproduzido apenas em francês no livro *Antoine et Cleópâtre* (Besançon, Les Solitaires Intempestifs Éditions, 2016), sendo esta sua primeira publicação em livro na língua portuguesa. *Sopro* foi encenado pela primeira vez em 2017 e faz parte do volume *Como ela morre/ Sopro* (Lisboa, Bicho do Mato Editores, 2017). Na presente edição, optou-se, com a anuência do autor, pelo emprego da grafia corrente no Brasil.

Em *By Heart*, a tradução do soneto 30 de Shakespeare é de autoria do poeta Vasco Graça Moura; o fragmento de *Fahrenheit 451*, de Ray Bradbury, foi vertido para o português por Mário Henrique Leiria. Em *Sopro*, a canção "Wild is the Wind", citada na Cena 7, é de autoria de Ned Washington e Dimitri Tiomkin.

# Sobre o autor

Tiago Rodrigues nasceu em Lisboa, em 1977, e começou a trabalhar como ator no final da década de 1990. Desde então tem sempre abordado o teatro como uma assembleia humana: um local onde as pessoas se encontram, como num café, para discutir as suas ideias e partilhar o seu tempo. Em 1997, quando ainda era estudante, colaborou com a companhia de teatro STAN. A liberdade que encontrou ao trabalhar com este coletivo belga, que defendia um teatro colaborativo e sem hierarquias, iria influenciar todo o seu trabalho futuro. Em 2003, fundou junto com Magda Bizarro a companhia Mundo Perfeito, com a qual criou e apresentou cerca de trinta espetáculos em mais de vinte países, tornando-se uma presença regular em eventos importantes como o Festival d'Automne à Paris, METEOR Festival na Noruega, Theaterformen na Alemanha, Festival TransAmériques no Canadá, kunstenfestivalsdesarts na Bélgica, entre outros.

Além de colaborar com um grande número de artistas de diversas nacionalidades, incluindo coreógrafos e bailarinos, Tiago Rodrigues foi também professor de teatro em várias escolas, entre elas, a escola de dança belga PARTS, dirigida pela coreógrafa Anne Teresa De Keersmaeker, a escola suíça de artes performativas Manufacture e o projeto internacional École des Maîtres. Paralelamente ao seu trabalho em teatro, escreveu argumentos para filmes e séries de televisão, artigos, poemas e ensaios.

Entre suas peças mais recentes destacam-se *By Heart* (2013), *Antonio e Cleópatra* (2014), *Bovary* (2014), *Como ela morre* e *Sopro*, ambas de 2017, além de *Catarina e a beleza de matar fascistas*, que estreou em Portugal em 2020. Quer combinando histórias reais com ficção, quer reescrevendo clássicos ou adaptando romances, o teatro de Tiago Rodrigues é profundamente enraizado na ideia de escrever *para* e *com* os atores, transformando poeticamente a realidade a partir das ferramentas teatrais. Em 2018 recebeu o XV Prêmio Europa Realidades Teatrais e foi distinguido pela República Francesa com o título de *Chevalier de l'Ordre des Arts et des Lettres*; em 2019 recebeu em Portugal o importante Prêmio Pessoa e, em 2020, foi o artista convidado da 7ª Mostra Internacional de Teatro de São Paulo — MITsp. Diretor artístico do Teatro Nacional D. Maria II desde 2015, Tiago Rodrigues tem sido um construtor de pontes entre cidades e países, e um dos criadores mais atuantes na defesa de um teatro vivo.

Este livro foi composto em Sabon, pela Franciosi & Malta, com CTP e impressão da Edições Loyola em papel Pólen Soft 80 g/m² da Cia. Suzano de Papel e Celulose para a Editora 34, em junho de 2021.